JN045836

家族法と戸籍実務等を
めぐる若干の問題・下

澤田省三〔著〕

発行 テイハン

はしがき

　本書は，既刊（2022年２月，３月）「家族法と戸籍実務等をめぐる若干の問題」（上）（中）に続く（下）巻である。本書は既刊の上・中とは若干異なり，内容はいずれも講演録となっている。

　そのうち３編は，いずれも法務省で行われた市町村の戸籍主管課長中央研修でのものであり，１編は，沖縄県連合戸籍住民基本台帳事務協議会研修会でのものである。いずれも今からほぼ10年くらい前のものである。いささか色あせた内容になっているかも知れないが，今日においても十分に参考にしていただけるものと考えている。

　周知のとおり，戸籍事務は，戸籍法第１条において戸籍事務の管掌者は，原則として市町村長が管掌すると規定しており，戸籍事務の法的位置づけとしては「法定受託事務」とし，他方，同法第３条においては，戸籍事務に対する国の関与の態様として，法務大臣及び法務局長，地方法務局長がなし得る関与の形態等を規定している。戸籍事務が「法定受託事務」と位置づけられたことによる国の関与の必要性と関与の程度について規定するものである。

　つまり，市町村と国・法務局が車の両輪となって戸籍事務を遂行していくことを明らかにしている。戸籍事務の円滑かつ迅速な対応はこのように市町村と法務省・法務局とのtie-upによって初めて可能となるような制度設計になっているわけである。今日のように民法上の問題にとどまらず，戸籍法上の問題等についても次から次へと新しい問題なり課題が出てくると，この両者のtie-upはますます重要になってきている。

　本書における講演の焦点もそこを意識しながら各般の問題につい

て触れたつもりである。現代においても戸籍実務における重要問題の一つである「戸籍情報の管理」をめぐる問題や「近年における戸籍制度改革の流れ」あるいは「戸籍実務に関わる裁判例」そして「戸籍事務の管理者として留意する意味のある事柄」などを取り上げているが，内容はともかく，戸籍実務に対する筆者のささやかな心意気の片りんを汲んでいただければ幸いである。既刊の（上）（中）と併せてご活用を乞う次第である。

　本書の刊行に当たっても（株）テイハンの企画編集部長南林太郎氏と同課の三上友里氏に大変お世話になった。改めて心からのお礼を申し上げたい。

　2022年4月

澤　田　省　三

凡　　例

　本書は全体を通して平易で理解しやすいよう努めておりますが，条文を説明するに当たり引用条文が多岐にわたるため以下のように略記させていただいております。

民……………民法（明治29年法律第89号）

戸……………戸籍法（昭和22年法律第224号）

戸規…………戸籍法施行規則（昭和22年司法省令第94号）

人訴法………人事訴訟法（平成15年法律第109号）

住基法………住民基本台帳法（昭和42年法律第81号）

・

家審法………家事審判法（昭和22年法律第152号）*1

家審規………家事審判規則（昭和22年最高裁判所規則第15号）*2

（＊1）家事審判法は，平成25年（2013年）1月1日，家事事件
　　　手続法の施行に伴い，廃止されています。

（＊2）家事審判規則は，平成24年（2012年）7月17日に廃止さ
　　　れています。

「家族法と戸籍実務等をめぐる若干の問題・下」
目　次

● ● ●

◆初出一覧

⑪　戸籍情報等の管理をめぐって―最近の事例が問いかけるもの―
　　戸籍誌841号（平成22年 4 月）

⑫　戸籍制度等改革の軌跡とその意義―ここ10年を振り返って―
　　戸籍誌855号（平成23年 4 月）

⑬　戸籍実務に関わる若干の問題について―最近の裁判例を素材として―
　　戸籍誌865号（平成24年 1 月）

⑭　市区町村における戸籍行政運用上の留意点断片―管理者的視点から―
　　戸籍誌869号（平成24年 4 月）

戸籍情報等の管理をめぐって―最近の
事例が問いかけるもの―

　　本稿は，平成22年1月21日に法務省で開催された平成21年度
市区町村戸籍事務従事職員管理者研修（戸籍主管課長中央研
修）での講演に加筆修正したものです。

1　はじめに

　ご紹介をいただきました澤田でございます。

　本日は「戸籍情報等の管理をめぐって―最近の事例が問いかける
もの―」というテーマで約2時間ばかりお話をさせていただきたい
と思っておりますが，あまり難しい話はできませんので皆さんのお
役に立てるかどうか自信はございません。あらかじめお含みおきい
ただきたいと思います。

　また，これからお話することは当然のことでございますが一介の
研究者というより元研究者としての立場からのものでございますの
でその点もあらかじめご了解いただきたいと思います。

　さて，本論に入る前に少し余談をさせていただきたいと思います。

　さきほどご紹介いただきましたとおり私は法務省に25年在職して
おりました。その後大学に転じてほぼ20年になります。法務省に参
りましたのも5年ぶりくらいで大変なつかしい気分でございます。

　この25年の在職中，3年余りを大臣官房に籍をおきまして主とし
て官房長につきまして国会対策の仕事を中心とした職務に就いた以

1

外はずっと民事局とその出先機関で過ごしました。そのうちの５年半くらい戸籍行政に関わった経験がございます。私がおりましたころは未だあの桜田通りに面した赤レンガの建物でございました。

この５年半の戸籍事務の経験のうち４年半が本省で１年が地方勤務の時でございました。短い経験ではありましたがその中でいろいろな思い出がございますが，二つばかり思い出をお話してみたいと思います。

一つは，地方勤務の時の思い出でございます。地方勤務は昭和56年ころでありました。滋賀の大津局に３年おりましたがそのうちの１年だけ戸籍を担当いたしました。

今でも続いているのかどうかわかりませんが当時は月に１回市町村の戸籍担当職員の皆さんが法務局に来られて研究会のようなものをしておりました。これは市町村の職員の皆さんと法務局の職員が一堂に会していろいろと問題の検討をしたり情報交換したりする場でありましたから私はこれを大変重視しました。そして，もっともっと活性化したいと考えました。そこで着任してすぐに管内の市町村全部（本局の直轄管内で14くらいだったと思いますが）を回りまして主管課長さんにお会いしました。早く主管課長さんたちと知己を得たい，そして，信頼関係を築く基礎を固めたいというわけであります。

そして，いろいろとお話しておりますと皆さん所管業務について熱心な方が多いのでありますがとりわけ戸籍行政に強い関心といいますか熱意を持っていらっしゃる方に先ほど申しました研究会に課長さん自ら出席してくださいませんかとお願いをいたしました。

そうしましたら４人くらいの課長さんが次の例会に出て下さった

のです。こんなことは少なくともそれまではなかったことなんですね。

　こういう試みをいたしましたのは私にはある狙いといいますか思いがありましてしたわけでありますがこれが当たったんですね。とりわけ課長さんの出ておられるところの職員の皆さんはハッスルされます。それはそうですね。直属の上司が一緒におられるわけでありますからね。課長さんのほうも研究会で担当者がどんなことをしているのかを実感できますから仕事に対する関心も上がります。課長さんの見えていないところの職員は職場に帰ってこのことを課長さんに報告されます。そうするとそれじゃ自分も一度出てみようということになるんですね。そして課長さん同士のネットワークもできてまいります。

　もちろん，こういう試みをするからには研究会の内容を十分に考えなければなりません。いろいろと工夫いたしました。法務局側が一方的に企画するのではなく市町村の職員の皆さんのアイデアなども取り入れながらプランニングするようにしていました。

　まあそんなことで1年いろいろと試行錯誤しながらやりましたが結果的には市町村との関係がかなり密度の濃いものになったと思いました。

　そして，現場で働いていらっしゃる皆さんは主管課長さんの姿勢といいますか熱意等によってその能力発揮に大きな差が出てくるということも実感いたしました。

　私は当時お付き合いしておりました市民課長さんたちと今でも旧交を温める機会を持っております。中には市民部長や教育長を経験された方や市の外郭団体の理事長などを経験された方もいらっしゃ

います。

　今も大津に市町村の職員の皆さんのための研修所がありますがそこに年に数回講義に行っていますが（これは戸籍関係ではなく税務関係の研修でございますが）その際には必ずお会いしております。

　まあ，それはともかくとしまして，戸籍行政を円滑に遂行するためにはやはり市町村と法務局が車の両輪になって動いてはじめて可能になると思うんですね。

　しかも，大事なことは，この車の輪の大きさや形ができるだけ同じであることが望ましいわけでありましてそのようになるように努めることが大切なことの一つではないかと拙い経験から実感したわけであります。

　パイプを太くしておくこと。そしてこれはどちらか一方の努力では実現いたしません。もちろん基本的には法務局側の積極的アプローチが必要だと思います。

　今日のように複雑で混沌とした世の中になって参りますと想定外の事案や事件が起こる可能性が常にございます。そうしたときに市町村と法務局が日ごろからしっかりとタイアップしておくことが問題の解決に向けての大きな力になると思うわけであります。

　そのためにはどうしたらよいか？という問題は今日でも大きな課題の一つではないかと思います。そういう視点でご参考までにご紹介しました。

　それからもう一つは昭和47年から３年半くらい民事局で戸籍行政にタッチしていたころの思い出でございます。

　このころに昭和51年の戸籍法改正で戸籍公開に関する規定が改められたのでありますがそのための準備作業が始まっておりました。

　当時は法務大臣の諮問機関として民事行政審議会というのがありまして戸籍とか登記に関する事項につきましてはこの審議会で審議されておりました。今はもうなくなって法制審議会に一本化されたようであります。

　この審議会の下働きのようなことをしておりました。

　ご案内のとおり平成19年に戸籍法の改正がございました。公開に関する規定についても画期的な改正がなされたわけでございますがこの改正の前の公開に関する規定の改正が昭和51年でございました。もう33年前であります。

　当時の戸籍法は戸籍の公開についてどういう規定になっていたかと申しますと，

　「何人でも，手数料を納めて戸籍簿の閲覧又は戸籍の謄抄本の交付を請求することができる。」そして，但書で「ただし，市町村長は，正当な理由がある場合に限り，本項の請求を拒むことができる。」となっていました。

　しかし，請求に際して「請求の事由」つまりなぜそれが必要なのかを申請書に記載することを要求する規定はありませんでした。ですから事実上は，ほとんど無条件に請求に応じていたというのが実態でありました。

　「正当な理由」というのも主としては市町村側の事務処理上の都合，災害でありますとか，一度に多人数の請求があったりとか，そういう場合が想定されておりました。

　したがって，「請求者側の請求目的」で請求の当否を判断するということはあまり考えられていなかったんですね。

　ところがこのころになりますと，プライバシー保護の必要という

問題意識も社会で相当関心を集めておりました。

　加えて，いわゆる同和問題にからんだ事案も発生してこの改正作業に拍車をかけてもおりました。

　例えば，昭和48年に近畿地方のある役場に母親とその娘さんが二人で訪れまして，娘さんの結婚相手である男性の戸籍を閲覧した後で，戸籍の担当者に対し，その相手の男性が同和地区出身者であるか否かを調べる方法はないかということを尋ねたという事案が発生していました。これは後に運動団体を中心に戸籍法改正への運動にも連動していったわけであります。

　そういう背景もありこれは何とかしなければということで戸籍制度の改善について諮問がなされ議論されていたわけであります。もちろん問題は公開の問題だけではございませんで人名用漢字の問題でありますとか届出人の範囲の問題なども俎上にのぼっておりました。

　そこで，戸籍等の公開に関連して当時どんな問題が発生していたかということを少しご紹介したいと思います。時代の変化というものを実感していただければと思うわけであります。

　当時民事月報という民事局の機関誌（29巻12号3頁）に審議会の審議経過の概要を私が書いておりましてそれによりますとこんな事例を紹介しております。

　まず一つは，東北のある市で，全市民の住民登録を本にしまして出版するという事件がございました。いくらなんでもそれはプライバシーの侵害ではないか？と国会でも取り上げられました。今ではもちろんとても考えられない事案であります。正確な数字は覚えておりませんが3万6千人くらいの住民が対象になっていたと思いま

す。

　現行の住民基本台帳法は昭和42年にそれまでの住民登録法（昭和36年制定の）から衣替えしたものでありますがこの法案審議の際の国会での委員会議事録を見ますと当時の自治省の政府委員は「住民基本台帳に記載される情報で保護しなければならないプライバシーや個人情報などは一切ありません」と明確に答弁しておられるんですね。しかし，こうした立法当時の認識とこのころの社会の認識との間に少しづつズレが生じてきていたということであります。

　それから，ある有名人（プロ野球のスター選手）が嫡出でない子を認知したことがマスコミの知るところとなり，その認知事項の記載のある戸籍謄本の写真が週刊誌に掲載されるという事件もありました。私はこの選手の大ファンでありましたから大変驚いた記憶がございます。この方は今も評論家として活躍されております。

　また，著名な政治家の家族関係がどうかとか，その政治家に認知した嫡出でない子がいないかどうか，そういうことを詮索する目的で政治家の戸籍謄本等を全くの第三者が請求する事例もありました。

　刑事被告人が服役中の刑務所から自分を調べた検事の戸籍謄本を請求するという事案もありました。

　さらに，世間の耳目を震撼させるような事件が発生しますと，例えばこういう事案もありました。かって非常に騒がれました強姦・殺人事件，これは関東地方のある県で車を使い言葉巧みに女性を次々と誘惑し山の中に連れ込んで暴行した上殺すという行為を繰り返していた事件がありました。逮捕・起訴され死刑になったと思いますが，この事件の時にこの犯人の本籍のある役場では，あらかじめその者の戸籍謄本を沢山用意しましてマスコミ等からの請求に備

えていたというような事案もありました。

　こうした事例を見ますと，このような目的ないしはマスコミの報道の手段としての謄本等請求に対して，公の役所である戸籍役場がこれを黙認して応じていいのかどうかがやはり問題として提起されてきたということであります。

　まあいずれにいたしましても現代では考えられない事例ではありますが昭和22年の戸籍法施行から30年近い時が経過していた当時において法律が社会とりわけ戸籍法とか住民基本台帳法のような国民と非常に身近な法律は社会の動き，国民の意識と深く関わっているものであるということを改めて意識させられたという思い出がございます。

　このことは平成19年の法改正でも同じことが言えるのではないかと思うわけであります。法律を運用する場合にはこのことは常に意識しておく必要があるように思うわけであります。

　さて，余談はその程度にいたしまして本論に入りたいと思います。

　お配りしておりますレジュメ（本章末に掲載）に沿って参りたいと思います。

②　個人情報保護法制の整備とその理念

　皆さんご承知のように平成17年４月１日，個人情報保護関係の５つの法律が全面施行されました。これによりわが国の個人情報保護法制もおおむね先進国の水準に追いついたと言われております。

　高度情報通信社会の進展に伴い個人情報の利用が著しく拡大しているという事態を受けて個人情報の適正な取扱いをめざすものでありました。

　その理念は法律にもありますとおり、「個人情報は、個人の人格尊重の理念の下に慎重に取り扱われるべきものであるから、その適正な取扱いが図られなければならない」ということでありました。

　つまり、個人情報はその取扱いのいかんにより個人の人格的、財産的利益を損なうおそれがあることからその取扱いには慎重でなければならないというものであります。

　皆さんのところでもこれらの法の制定を受けてそれぞれ個人情報の適正な取扱いを確保するために必要な施策を採られているわけであります。個人情報保護条例などはその典型であろうと思います。

　ところが国においても地方においても法的整備は調ったのでありますが皆さんも連日の報道等でご案内のように個人情報漏洩事案は依然として止むことはありません。そして、このことは戸籍情報なり住基情報の適切な管理を考える場合にも欠かせない背景的事情の一つとして認識しておく必要があるように思うわけであります。

　日本ネットワークセキュリティー協会によりますと平成20年度に起きた個人情報漏洩事件は1,373件、これにより流出した人数は723万人としています。これは新聞報道や企業・官公庁の発表をもとに集計されたものでありますが、しかし、これは表に出たものだけでありますから実際はもっと数が多いものと思われます。

　尽きることなく発生する個人情報漏洩事件の現実を見ておりますと私たちの社会はまだまだ「目に見えない権利」あるいは「目に見えない人格的利益」、具体的には、人が受ける心の痛みとか苦痛、不快感、そういうものに対する理解が極めて未成熟な社会ではないかと思うわけであります。

　個人情報漏洩だけではありません。セクシャル・ハラスメント、

ドメスティック・バイオレンス（DV），みな根底にあるものは同じであると言ってよいかと思います。人間の尊厳を保つ最大のものは実はこうした「目に見えない権利的なもの」をどこまでお互いに担保しあえるかというところにあるように思うわけであります。

③ 戸籍情報・住民基本台帳情報の保護法制の整備

　他方，戸籍情報・住基情報についても病理的現象が続出しておりました。他人の戸籍情報に不正にアクセスする事例，虚偽の創設的届出事件の頻発，住民基本台帳情報の不正取得とか住民基本台帳を閲覧し，母子世帯のみ探索してそこを犯罪のターゲットにするなどの事例もありました。

　また，法制度的にも，戸籍法，住民基本台帳法の情報公開に関する規定は既に成立している個人情報保護関係法により創設された個人情報保護のミニマム・スタンダードを充足しているかどうかという問題提起も一部の学者からなされてもいました。

　そういう文脈の中で平成19年の戸籍法，住基法の改正がなされたわけであります。

　いずれにいたしましてもこの改正によりまして法制度的には戸籍情報・住基情報ともに公証の必要性（有用性）と個人情報保護の必要性をアウフヘーベンしたと言いますか，つまり，公証の必要性という法の存在理由と個人情報保護という対立した契機の総合的発展が図られたと言えるのではないかと思うわけであります。

　問題はその運用がどこまで改正の趣旨に即したものとなるかどうかであろうと思います。

　法律の成立はスタートに過ぎずこれに魂を入れるのはまさに現場

の皆さんの力量にかかっているわけであります。

4 個人情報（プライバシー）の権利的特質

次に個人情報（プライバシー）の権利的特質について簡単に触れたいと思います。

プライバシー，あるいはプライバシーに係る個人情報が法的保護の対象となることにつきましては今日ほぼ異論のないところであろうと思います。

そこで個人情報あるいはプライバシーというものがどのような特質を持っているかということであります。これらの情報の適切な管理のためには是非この点についての理解認識が重要な前提になると思うわけであります。主管課長の皆さんにこういうことをお話するのはまさに「釈迦に説法」の類いかと思いますが話の順序としてお聞きいただければ幸いでございます。

まず第一は，これは個人の人格権に属し，しかも，その人に固有する一身専属的な性質を持っているものと言えるかと思います。

第二は，これらの情報はいったん開示つまり公開されたり漏洩されますと，多数の人がそれを共有し，又は共有する可能性があり，さらにその範囲を拡大するおそれもあるということであります。

第三は，いったん開示（漏洩）されますと，もう原状回復が不可能だということでございます。財産的な例えば物の売買契約ですとその契約を止めにしてお互いに当事者間で受け取った物と代金を返して契約のなかった状態に戻すことは可能ですが個人情報なりプライバシーの場合はこれらを開示されなかった状態に戻すことは不可能であります。

第四は，したがって，この権利を守るためには，何としても「予防」つまり，結果の発生の事前防止が必要であるということでございます。

第五は，しかし，同時に，個人によりその権利性の認識については相対的な側面があるのも事実でございます。同じ事実であっても，ある人にとっては権利侵害という認識があっても，他の人にとっては別にどうということはないということもあり得るわけであります。

第六に，表現の自由とか公共の福祉（つまり正当な開示理由の存在）との関係にも十分留意されるべきでありまして，畢竟これらが絶対的な権利として存在しているわけではないということも認識する必要があろうと思います。

[5] 戸籍情報・住民基本台帳情報の保護をめぐる最近の改善措置及び国民意識の動向の素描

さて，ここからは各論的なお話になります。

戸籍情報につきましても住基情報につきましてもその保護については立法あるいは行政上の措置等によりまして間断なく改善措置が採られて参りました。また国民の意識にも特徴的な動きも出ております。それらの中から幾つか取り上げてみたいと思います。

1 立法・行政上の措置による保護

まず，立法・行政上の措置でございます。

(1) 特別養子縁組における特別養子の戸籍編製，戸籍記載等による保護措置であります。

主管課長の皆さんは実務を直接おやりになっていないと思いますが特別養子の情報保護のために戸籍制度上大変工夫された

システムが採用されております。

　戸籍法の20条の3には「特別養子縁組の届出があったときは，まず養子について新戸籍を編製する。」という規定がございます。

　一見単純な条文のように見えますが，しかし，この規定には大事な思想と言いますか狙いといいますか立法者の込めた趣旨が盛り込まれております。

　特別養子縁組は普通養子縁組と異なり家庭裁判所の審判で成立いたします。審判が成立確定しますと審判を請求した者つまり養親が届出をするわけであります。届出がありますと，最も典型的なケースで申しますと，先ほどの条文にもありましたようにまず養子について養親の氏で従前の本籍地で養子の単身戸籍を編製した上で直ちにその戸籍から養親の戸籍に養子を入籍させるという扱いになっております（戸20条の3，18条3項，30条の3）。審判の成立で養子縁組の効果は発生していますから氏は養親の氏になりますから当然ですね。

　普通養子の場合と異なりわざわざ一度養子の単身戸籍を作ってそこから養親の戸籍に入籍するというワンクッションおいているんですね。どうしてこんなふうになっているのでしょうか？

　狙いは少なくとも二つありました。

　一つは，このようにしますと養親の戸籍中の養子の身分事項欄の記載は，養子を筆頭者とする戸籍から入籍したことになりますから，養子の戸籍上，実の親の名前が出てこないということになります。

　二つは，養子の単身戸籍は養子が養親の戸籍に入れば除籍に

なりますね。特別養子制度ができたころつまり平成19年の改正までは皆さんご承知のとおり除籍は戸籍と比べてその情報にアクセスするのは難しくなっていました。つまり，一定の人以外は「正当な利害関係がある人」しか請求できなかったんですね。つまり，誰でもかれでも謄抄本を請求できるというものではなかったんですね。ここにも目的がありました。

　このようにして養親の戸籍には実の親の名前は一切出てきませんし，間に一つ除籍が入っていますから，相互に直接検索することはできないようになっているわけです。しかし，養子になった子が実の親を知りたいと思えば，真ん中の除籍を通して実の親の戸籍にたどりつけることができるということになっています。

　まあこれ以外にも戸籍には養父母欄は設けていませんし父母欄には養父母の氏名が記載されますし，続柄欄にも実子と同じように「長男」とか「二女」と記載されます。

　法律上も養父母が唯一の親で実の親とは法律関係が断絶するわけですからこうした措置は当然といえば当然ですが特別養子の身分の安定とプライバシー保護・情報保護も図っているということが言えるかと思うわけであります。

(2)　次は住民票の続柄欄の記載方法の改善です。

　嫡出でない子の続柄欄の記載方法をめぐって問題提起されていたものでございますが既にご案内のとおり平成7年3月からすべて「子」と記載する扱いに改善されております。

　プライバシー保護という視点も含まれた改善措置であろうと思われます。

(3)　それから成年後見情報の公示方法の改善でございます。

　　平成11年の民法改正に際しまして従来の禁治産・準禁治産の制度を改めまして，時代に即した成年後見制度（被後見人，被保佐人，被補助人）が創設されたわけでございますが，その際に成年後見の審判について従来の戸籍への記載を改めまして新しい後見登記制度に変わったことも皆さんご承知のとおりでございます。

　　こうした人の判断能力に関する事項が戸籍に記載され公証されていたものが戸籍から切り離されたということでございます。これは審判事項が多岐にわたり，記録すべき事項が複雑化し増加するという事情もありましたが，当事者のプライバシーへの配慮の要請が強いということも考慮されていることは立法担当者の方も認めておられるところでございます。

(4)　戸籍の創設的届出における本人確認の通達による実施であります。

　　これも特に申し上げることはございません。虚偽の届出を防止して戸籍記載の真正をできるだけ担保しようとするもので平成19年の改正で法制化に繋がったことはご案内のとおりであります。

(5)　次は平成14年の戸籍法改正で創設されました戸籍の再製規定であります。

　　戸籍法の11条の2の規定の新設でございます。虚偽の届出等若しくは錯誤による届出等又は市町村長の過誤によって記載がされ，その記載について戸籍法所定の規定に基づき戸籍訂正がされた戸籍について，当該戸籍に記載されている者から，当該

訂正に係る事項の記載のない戸籍の再製の申出があったときの再製措置に関するものであります。

ここでいう「戸籍訂正」とは不実の記載について戸籍法113条，114条，116条又は24条2項の規定に基づきなされた訂正を意味しております。

このような制度が創設されましたのは二つの理由があると理解しています。

一つは，虚偽の届出等によって不実の記載がされ，かつ，その記載について戸籍訂正がなされました戸籍等について，戸籍における身分関係の登録及び公証の本来的意味での機能（もっと言いますと本来の公証事項のみの記載による公証）を果たすためということであろうと思います。

二つは，不実の記載等の痕跡のない戸籍の再製を求める国民の要請に応えるということであります。

日本人の戸籍の汚れに対する強い嫌悪感に配慮した措置であろうと思います。

当事者からの申出が要件とはなっていますが不幸にして市町村側の過誤により不実の記載をしてしまったというような場合には事後措置の一つとして大いに活用できる制度であろうと思います。情報管理の大事な一局面にかかわる規定であると思います。

これまた「釈迦に説法」ではありますが平成14年12月18日付け民一第3000号民事局長通達に詳しく示されておりますので是非主管課長の皆さんにもお目通ししていただきたいと思うわけであります。

⑹　DV被害者保護のための「住民基本台帳の一部の写しの閲覧
　　及び住民票の写しの交付等に関する省令」の改正でございます。

　　　平成16年にはDV被害者保護の一施策としてDV被害者の住
　　所情報にアクセスする場合に「請求事由」を記載することを要
　　求し請求を拒むことができるかどうかを判断する手段とする趣
　　旨の改正が行われました。これもご案内のとおりであります。

⑺　それから次が嫡出でない子の戸籍における父母との続柄欄の
　　記載方法の改善措置でございます。平成16年11月１日付け民一
　　第3008号通達でございます。

　　　これも嫡出でない子のプライバシー保護，情報保護の趣旨も
　　含まれていると思います。通達に基づくものではありますが，
　　嫡出でない子の出生届がされました場合には，子の父母との続
　　柄は，事実上の父親の認知の有無にかかわらず，母との関係の
　　みにより認定し，出生順に「長男」「次男」等と記載する扱い
　　に改められたものでございます。

⑻　住民異動届の審査時における本人確認の厳格化についてであ
　　ります。

　　　これも特に申し上げることはないと思います。虚偽の届出防
　　止の趣旨でありましょう。

⑼　次が例の婚姻の解消又は取消後300日以内に生まれた子の出
　　生の届出の取扱いに関する通達による改善措置でございます。

　　　いわゆる「300日問題」として大変社会の関心を呼んだ事例
　　でございます。

　　　民法772条のいわゆる嫡出推定規定は戸籍事務とりわけ出生
　　届を処理する場合の大変重要な規定であることは皆さんご承知

のとおりでございます。

　ある子どもが誕生したとき，その子の「母親は誰か」という問題は，子どもの誕生という事実つまり分娩の事実によって明確なのが普通ですね。分娩した女性が母親であります。

　では「父親は誰か」という問題は母子関係ほどはっきりはしません。

　しかし，はっきりしないとは言え，その子を養育すべき父親を早期に確定し，その子の法的身分を安定させる必要があります。民法772条はそのために作られた規定と言ってもよいかと思います。

　この規定は，第1項では，婚姻から200日を過ぎて生まれた子は「夫の子」と推定する一方で，第2項では，婚姻の解消から300日以内に生まれた場合も，「解消された婚姻中の夫の子と推定」しています。この推定規定はごく普通の夫婦の生活を前提とすれば合理的規定と言えると思うんですね。推定の根拠となっていますのは，①1項は，婚姻中は夫が妻と性的関係を独占できるという蓋然性の大きさに基づいていますし，②2項は，医学的知見に基づいているわけですね。しかし，夫婦関係がアブノーマルになってまいりますといろいろと本条の適用をめぐって問題が出てまいります。

　婚姻の解消のもっともティピカルなのが離婚でありますが，離婚の場合にこの規定を当てはめますと，例えば，実際は再婚した今の夫の子なのに，離婚後300日以内の出産だと，前の夫の子として届出をしそのように戸籍に記載されることになります。

　　これが「300日問題」と言われるものでございます。

　　これにもいろいろなケースがありますが，それはともかくとしまして，今回の法務省の通達は，婚姻の解消又は取消し後300日以内に生まれた子について，つまり「本来は前の夫の子と推定される子」のうち，出生届に懐胎時期に関する医師の証明書が添付されており，しかも，その証明書の記載から「推定される懐胎の時期のもっとも早い日が婚姻の解消又は取消しの日よりも後の日である場合に限り」婚姻解消後に懐胎したと認められ，772条の推定が及ばないものとして，母の嫡出でない子又は後婚の夫を父とする嫡出子出生届が可能となる道を開いたということであります。

　　限られた範囲ではありますが届出の遅滞を防ぎ真実の身分関係に合致した記載ができるという点で情報管理面からも大変有用な施策であったと言えるかと思います。

⑽　そして最後に平成19年の戸籍法改正，住基法改正により戸籍情報・住基情報保護にさらにステップアップしたということであります。

　　以上，立法・行政上の措置としてなされたものの中からいくつかご紹介したわけでありますが，今度は視点を変えて国民の側にも自己情報あるいはプライバシー保護のための行動とも言うべき防衛的現象も拡大しているという側面について簡単に見ていきたいと思います。

2　国民の側の防衛的現象の拡大

　⑴　まず嫡出でない子の出生届出に際しまして，届書の「父母との続き柄」のところに生まれた子が「嫡出子」か「嫡出でない

子」かをチェックする欄がございますがそのチェックを拒否する事例が結構多いと言われている問題でございます。

　嫡出でない子の出生数は増加の傾向にあります。少し古い統計ですが嫡出でない子の出生数の割合は平成12年には全出生数の1.63％であったものが平成18年では2.11％に増加しております。人数にしますと２万３千人くらいでしょうか。ヨーロッパの国々の中には50％とかそれに近いのが普通の状態となっているところもありますがそれに比べるとまだまだ少ないと言えるのかも知れません。

　この問題もプライバシー防衛という意味もあるかも知れませんし情報防衛という意味合いもあるのかも知れませんが根底にはそんなチェックをさせること自体が差別だという意識があるのかも知れません。

　しかし，戸籍法は民法の手続法として存在し日本人の親族的身分関係を正確かつ明確に登録し公証することを目的としているものでありますから，民法上，嫡出子と嫡出でない子について，法律的地位に差異を認めている以上は，出生の届書に区別して記載する必要があるのは当然のことであろうと思います。

　どんな差異があるかは皆さんご承知のことだと思いますが，典型的な点を挙げますと，

　①　氏の扱いでは，原則は，嫡出子は父母の氏を称し，嫡出でない子は母の氏を称することになっていますし，

　②　親権については，原則は，嫡出子は父母の共同親権に服し，嫡出でない子は母の単独親権に服しますね，

　③　法定相続分も被相続人に嫡出子と嫡出でない子がいる場

合にはその割合は2対1になっていますね。ここは憲法上の平等原則違反かどうか議論になってはおりますが最高裁は従前から合憲としていますし，昨年（平成21年）9月30日の決定でも合憲であるとしています（注：民法第900条第4号ただし書中の「，嫡出でない子の相続分は，嫡出である子の相続分の二分の一とし」は平成25年法律第94号で削除されています。）。

さらに，届書は原則非公開ですから利害関係人が特別の事由のある場合に限って閲覧なり記載事項証明の請求をできるだけでありますから届書情報は守られているわけであります。また先ほどもお話しましたように嫡出でない子について戸籍の続柄欄の記載方法の改善措置もなされてこの面での配慮もなされているわけであります。さらにこのような出生届を不受理処分としその結果として子の住民票を作成しなかった事案で裁判になった事件がありました。皆さんよくご存知の東京の世田谷区の事案でございます。

最高裁は昨年（平成21年）4月17日の判決でこう言っています。「母がその戸籍に入る子につき適法な出生届を提出していない場合に，区長がその住民である子につき母の世帯に属する者として住民票の記載をしていないことが違法とは言えない。」と。こうしたことを総合的に考えてみますとこうしたチェック拒否は正当とは言えないということになると思います。

子の福祉より自分たちの信条を優先させるこうした態度はいかがなものかと思うわけであります。

もっともこの点につきましては国連の国際人権規約B規約に

関する人権委員会なり国連子どもの権利委員会からの改善勧告が出されていることもございまして学者の中にはこういうチェックをさせる届書の様式は婚外子差別を温存するものであるから変更するべきであると主張される方もおられます。

　しかし，百歩譲ってこのような見解を理解するとしましてもそれにはあくまで法改正は必要な前提条件でありましてそれがない限りは現行のルールを守るというのは極めて当然のことであろうと思われます。

　制度に対する問題提起を行うことと現行のルールに従うこととは明確に区別する必要があると思います。

(2)　次は戸籍で最近いわゆる省略抄本とか一部事項証明書等の請求が増加していると言われている問題であります。

　これも自分の情報は必要最小限のものにとどめたいという理由に基づいているものと思われます。

　省略抄本は申し上げるまでもなく紙の戸籍の場合のものでございます。もう戸籍の電算化が80％くらい進んでいると言われておりますから紙の戸籍は少なくなっているのかも知れませんが，抄本を請求する場合，請求する人の要望によっていかなる部分も省略することができるという先例があるそうでありますが，私がある人から見せていただいた省略抄本は，本籍と筆頭者氏名，これは戸籍を特定するためのインデックスのようなものでありますからこれは省略できませんが，証明の対象となっているのは氏名欄の氏名と生年月日だけでありまして，後の戸籍事項欄，身分事項欄，父母欄，続柄欄にはすべて「省略」という判が押されておりました。これでもパスポートの申請は

OKらしいんですね。

電算化されている場合は一部事項証明書になるわけですね。

余談でありますがこの省略抄本についてこんな話を聞きました。嫡出でない子の省略抄本を請求する際にですね。この子がまだ事実上の父親から認知されていませんと当然のことですが戸籍のこの子の父親欄はブランクですね。任意であれ強制であれ認知があって初めて父親の名前が記載されるわけですね。で，まだ認知されていない子の母親が窓口に来ましてその子の省略抄本を請求しますときにこの父親欄にも母親欄と同じように「省略」という判を押してくれと言うんだそうですね。

窓口の担当者はそれはできません。戸籍にもともと記載されていないことを省略などできません，と説明するんですね。これは正論だろうと思うんですね。ところがこの説明になかなか納得しないんですね。窓口の担当者に聞くんだそうです。この子の父親欄がブランクになっているのはどういう意味なんですか？と。担当者は，それはこのお子さんには未だ法律上のお父さんがおられないという意味でしょう，と答えます。

そうしますと母親は，そうでしょう。ブランクはちゃんと法律上の父親が存在していないという法律的意味を持っているでしょう。だったらそれを省略することはできるでしょう，と攻めるわけですね。

まあ，窓口に来る人々もそれなりに勉強していますから対応が大変だろうと思いますがそんな事例を聞いたことがありましたので参考までにご紹介しました。

(3) 次は戸籍情報・住基情報等の交付請求者（申請者）に係る情

報の開示請求事案も増加していると言われております。

　これは情報公開条例に基づくものと思いますが皆さんよくご承知のことであろうと思います。

⑷　それから戸籍における「不受理申出制度」利用の増加であります。

　平成19年の改正で通達での運用が法制化されました。虚偽の届出防止に自ら積極的に関与し自己情報を守ろうというものでありましょう。大体年間4万7千件から4万8千件程度の申出がなされているようであります。

⑸　最後がDV被害者からの自己の「住所情報」の不開示申出の増加であります。

　これにつきましてはこの後の具体的な事案をお話する際にもう少し触れてみたいと考えております。

以上国民の側からの自己情報の防衛的現象のいったんを素描して参りました。

⑥　戸籍・住民基本台帳情報等の管理をめぐる最近の事案から

さてここからは戸籍情報等の管理をめぐって主としてマスコミ等で報道されました比較的最近の事例をご紹介しながら情報管理の問題点をみていきたいと思います。

戸籍とか住民票に係る問題にはマスコミは非常に敏感であります。それだけ国民の関心が高いということの裏返しでもあろうと思います。現実の生の事例からは多くの学ぶべきことがあるように思うわけであります。

最初に最近の裁判例から二つご紹介したいと思います。

1　戸籍担当臨時職員による戸籍情報漏洩による損害賠償請求事件

　これは京都のある区で臨時職員として戸籍事務を担当しておりました者が職務中に知り得たある人の戸籍情報・除籍情報を自分の知人に知らせたところそれがその情報を漏らされた人にわかりこの漏洩によって精神的苦痛を受けたとして損害賠償請求をされたという事案でございます。つまり国家賠償責任の有無と不法行為責任の有無が問われたものであります。京都地裁平成20年3月25日判決（判例時報2011号134頁）の事案でございます（拙稿・ピックアップ判例戸籍法96「損害賠償請求事件」・戸籍誌830号26頁参照）。

　この情報を教えてもらった人と情報を漏らされた人はもと夫婦でありまして離婚したんですね。この職員は自宅に帰りましてから電話で友人（つまり元妻だった女性）に「あなたの別れた前のご主人は誰々さんと再婚しているわよ」というようなことを話したようなんですね。

　国家賠償責任につきましては一番のポイントは本件行為が「客観的に職務執行行為の外形を備える行為」であったかどうか，つまり「本件漏洩行為の職務関連性の有無」にあったと思いますが，この点については責任が否定されております。まあ，自宅に帰ってからしていることと，情報をもらしたのが友人との個人的関係を背景としてなされたことなどから「職務関連性」は認められないというものでありました。

　これがもし役所の中からとか役所の側の喫茶店に呼び出してなんていうことになればまた別の判断をされる可能性は十分にあったと思われます。

　他方，民法上の不法行為責任につきましては本件漏洩行為がプラ

イバシーの侵害に当たるとして責任を認めております。これは当然の判断であろうと思われます。

　なお，本件職員は論旨免職処分となり，また，地方公務員法違反で罰金の略式命令を受けております。

　こうした臨時職員については多分体系的な研修等もされることなく即戦力としてそれぞれの職場に配置されているのが実情かも知れませんが，その場合でも特に守秘義務と情報保護の重要性を徹底する必要があろうと思われます。

2　戸籍訂正許可申立事件

　この裁判例は鹿児島家裁知覧支部平成19年7月19日審判（家月59巻12号102頁）でございます。戸籍のコンピュータ化に伴う戸籍の改製に際しまして市町村長が氏名の誤字を正字に改める場合に事前に本人に対し書面により改める旨の告知をするように通達が示されているわけでありますが，本件はこの手続を省略したため，本人がこれを不服としましてもとの表記つまり誤字による表記に戻して欲しいとして戸籍法113条に基づく戸籍訂正許可の申請をしたものであります。

　これに対して裁判所はこの通達による告知の趣旨は「自己の氏名につき誤字による表記の維持を望む者に対し，引き続きそのままの表記で公証される機会ないし手続的利益を与える趣旨である」からこのような機会を与えたと言えない場合は訂正を認めるのが相当だとして許可したものでございます。

　私はこの審判の理由づけにも結論にも反対でありますが興味のある方はレジュメに書きました雑誌（拙稿・「コンピュータ化に伴う戸籍改製と氏名の誤字の訂正手続」民商法雑誌138巻3号108頁，ピ

ックアップ判例戸籍法92「戸籍訂正申立事件」・戸籍誌819号38頁）に解説しておりますのでご覧いただきたいと思います。

　ただ一言だけこの審判についての疑問を申し上げれば，市町村長が戸籍改製に際して誤字を正字に改めた場合に，通達に定める告知手続をスキップしたことをもって市町村長が「戸籍に違法な記載をした」という結論を導く判断理由としている点でございます。

　つまり「告知」の趣旨の理解にいささか違和感を覚えざるを得ないわけであります。

　コンピュータ化後の戸籍の処理のありようを考えますと，本件のようなケースは「改製を要しない戸籍」として扱うことまでが限界と考えるべきで正字で記録されている本来のあるべき表記をわざわざ誤記による表記に戻すことを許可するほどの理論的根拠としてはいささか弱いのではないかと個人的には感じております。

　ただ，戸籍上の記録を正字に改められましても誤字による表記を日常的に使うこと自体は自由なんですね。しかし，問題の根底にありますのは使えるとか使えないということではなくて戸籍という公の記録に自分の氏名がどう記録されているかが問題だと考える人が多いということだと思うんですね。

　いずれにしましても当面の情報管理との関係で申しますとやはり通達に基づく手続が採られていなかったということが問題の根本であろうと思います。日本人はとりわけ戸籍上の氏名情報に特段のこだわりを持っている方が多いと思いますので十分配慮されるべきものであろうと思います。

3　戸籍電算化の際の入力ミスによる戸籍記載事項遺漏事件

　関東地方のある市での最近の事例であります。電算化に際してあ

る人の記載を入力ミスにより遺漏したという事案であります。電算化も全国で80％くらいが完了していると聞いていますがこうしたミスがないかどうかのチェックが大変大事であろうと思います。

電算化後の事項証明等の請求があったときは必ず改製前の紙の戸籍と照合するなどして遺漏の有無をチェックすることも必要ではないかと思います。

4　戸籍謄本等交付ミス・トラブル事件

次の事案はある男性が自己の戸籍謄本の交付請求をしたところ当該男性の親戚に当たる人の戸籍謄本を誤って交付したためその申請した男性からクレームをつけられたというものであります。事件は極めて単純なものでございますがこれが新聞で大きく報道されましたのはクレームをつけた男性とのトラブルを早く終息させたいということから主管課長さんが自分のポケットマネーでその男性に現金を渡したという点にあったようであります。

問題はやはり二つばかり挙げることができると思います。

一つは，申請された情報内容の把握ができていなかったということですね。市区町村の規模にもよるかと思いますがこういう謄本等の受付・交付事務は多くは一人の職員が自己完結的にやっておられるんだろうと思うんですね。

その場合でもやはり二つの目つまり申請を受けて誰のどのような情報が求められているのかの確認の目，そして交付する際にその確認した情報と齟齬していないかどうかの確認の目，それをしっかり使い分けてチェックすることが必要だろうと思います。単純な作業であるだけに緊張感が緩むということもあるのかも知れません。しかし，それが理由にはならないのは当然でございます。

　最近もインターネット上で見ました事案でいずれも関東地方のある都市の区での事例ですが一つはある人の戸籍全部事項証明書の請求があったのに対して同姓同名の全く別人の証明書を交付した事例が出ておりましたし，もう一つはある人の戸籍全部事項証明書の請求があったのに対してその人の証明書にさらに別人の証明書を一緒に綴じ込んで交付したという事例も出ておりました。

　私も経験がございましてフルタイムの仕事を終えましたときに少し必要があって私の父が筆頭者となっていた父の除籍謄本を請求したんですね。使用の目的も電話で話し，郵送請求ですから書面にも理由を書いて申請しました。ところが送られてきたのは改製原戸籍これは戦後の戸籍法改正によるものでありますがそれが送られてきました。これでは私の目的は達せられないんですね。まあクレームはしませんでしたがどうしてこんなミスが起こるのだろうかと驚いたことがございます。

　適法な申請をしている人から見れば100％申請にマッチした情報が得られるというのは当然のことなんですね。100件のうちの１件だから大したことはない，という話では決してないと思うんですね。

　それからもう一つはトラブルの解決方法であります。やはりこれは個人ではなく組織として対応することが絶対に必要だと思います。そして「わび料の請求」とか不当な要求には厳格に対応することも必要であろうと思います。

５・６　戸籍情報漏洩事件・戸籍原本捏造事件

　次の事案はいずれも町あるいは市の職員が在日フィリピン人女性に日本での在留資格を取得させるために主導的役割を演じたという事案でございます。

戸籍情報漏洩事件では住民課長が町に戸籍を残したまま海外に移住した家族の氏名や本籍地を提供し，偽装結婚を助けたというものでありますし，戸籍原本捏造事件は同じ目的で市の職員それも市民課以外の部署にいた職員が戸籍原本を捏造し架空の男性の戸籍を作りそれを使用して偽装婚姻届を提出しまんまと成功しフィリピン人女性に在留資格を得させたというものであります。

　日本で在留資格を得る一番てっとり早いのは日本人の配偶者という法的地位を得ることであります。これで１年から３年の範囲内で在留が可能となるわけですね。

　もちろん偽装婚姻を見破るのはなかなか難しいかも知れませんが本件は職員のからんだ事案でありますから論外というほかありません。

　特に戸籍原本捏造事案などは市民課以外の職員がどうしてこんな犯行ができるのか信じられないものですがよく調べてみますと以前市民課にいた職員らしいんですね。それなら勝手はわかっていますからね。しかし，それにしても管理責任が問われる事例ではないかと思うわけであります。

7　出生届書等紛失・放置事件

　次は出生届書紛失・放置事件という類型に属する事案であります。件数としては比較的多い事例であろうと思います。

　５つばかり事例を挙げておりますが，簡単に申しますと，三つのタイプに分けることができると思います。

　一つは，非本籍地で届け出られた出生届書が本籍地に送付されていなかった（つまり未着であったのか，あるいは送付そのものがなされていなかったのか），いずれにしても戸籍に記載されていない

状態が続いていたというものです。

　二つは，事務処理の過程で紛失してしまい未記載の状態にあったものであります。

　三つは，受付ながら何もしないで放置していたというものであります。

　しかも，これらの事案に見られる特徴的なことは戸籍の記載はされていないのにかかわらず住民票は作成されているということであります。

　さらには，届出に当たり子の名に用いる文字について相談を受けながらなんらの確認もしないで「使用できますよ」と答え実際には使用できない文字が含まれていたという無責任な対応がなされているということですね。

　レジュメの問題点のところに私なりに気のついたことを挙げておきましたけれどもここでは2点だけお話しておきたいと思います。

　一つは，問題点の中にも書いておりますが届書等の送付に際しての「到達確認」の実施ということが通達（平成7・12・26付け民二第4491号通達）で示されているわけでありますがこれが必ずしも履行されていないのではないかということでございます。

　この通達の趣旨は，届書等の未着事故の発生を早期に把握し，速やかに事後の措置を講ずることができるようにするためのものであろうと思います。

　二つは，戸籍の処理と住民票の処理でございます。典型的な本籍地と住所が同じ場合を考えてみますといろいろなケースなり事情があるとは思いますがやはり原則は戸籍の処理をした上で住民票を作成するというのが法の趣旨であろうと思います。

少なくともなんらかの事情があって先に住民票の処理をするという場合でも「戸籍の記載」が間違いなく処理されるという担保方法は絶対に講じておく必要があろうと思います。

　先ほど申しました世田谷区の事案で最高裁は「戸籍の記載に基づき住民票の記載をする方が，戸籍の記載と住民票の記載の不一致を防止し，住民票の記載の正確性を確保するために適切であるとするのが法の趣旨である」としています。

8　戸籍の誤処理事件

　次は戸籍の誤処理事件でございます。戸籍事務を的確に処理することはまさに最大のあるべき情報管理の形であろうと思います。

　5つほど事案を挙げておりますが，最初の(1)の事案は，要件不備つまり婚姻適齢の要件に関する判断を誤った事案であります。めずらしいケースですね。夫たる男性がまだ18歳になっていなかったというものです。いわゆる不適齢婚といわれるものです。取り消し得べき婚姻であります。

　(2)は，誤記事件です。男性が「長女」になっていた。(3)は，「出生」と記載すべきを「死亡」と誤記したものです。

　(4)の事案などは最悪のケースでございます。婚姻届を提出して暫くしてから謄本請求したら自分は未だ戸籍上は独身のままであった。なぜなのか？と調べて見ると自分のかみさんは自分の弟の嫁さんになっていたというわけであります。

　ご丁寧にもこの夫婦に男のお子さんが生まれて出生届をしたら今度は続柄欄に「長女」と誤記されたというわけですね。窓口で親御さんはなにかうらみでもあるのかと怒り心頭であったと伝えられています。

　英語の言い回しに「From bad to worse」というのがありますね。「弱り目にたたり目」とかあるいは「踏んだり蹴ったり」というところでしょうか。

　しかもこうした誤った処理の訂正に随分長い時間を要しているというのも問題だと思うんですね。届出の種類によってはこれらの訂正処理がされない限り次の届出が受理できないというケースも当然あり得るわけであります。

　⑸も同じような続柄欄の記載の誤りのタイプです。

　問題点のところにいくつか挙げておきましたが，こうした事案の報道から見えてくるものは，ミスをしたときのあるいはミスを指摘されたときの対応がいかにも不誠実な印象を受けるんですね。やはり誠実に迅速に対応することも情報管理の大事な視点であろうと思います。

　それとやはり処理された後のチェック体制にも問題のあることを示していると思います。

　まあいずれにしましてもこうした戸籍の誤った処理は多くは戸籍謄本等の請求によって明らかになることが多いんですね。これも戸籍公開の一つの機能だと言われた方がおられましたが確かにそういう面もあるかと思います。

　同じ登録・公証制度でも不動産登記の場合ですと大体登記をする方は登記が済んだ後で登記事項証明書を取られて内容をチェックされる場合が多いと思うんですね。皆さんもご経験がおありであろうと思います。

　財産に関わることと身分に関わることで日本人のbehaviorは少し違うように思うんですね。戸籍の場合ももう少し届出人のほうで謄

本をとるということが慣習化するといいと思うんですがこれからは
そういうことも少しPRされてはどうかなと思いますがどうでしょ
うか？もっともミスの早期発見のためなどとは正面きって言えませ
んから皆さんの大事な身分登録に関することですから是非内容のご
確認をというようなアプローチでいいかなと思いますがこれは全く
余計なことかも知れません。

9　市職員による個人情報（住民基本台帳情報）アクセス事件

　次は市職員による住民基本台帳情報への不当アクセス事件でござ
います。窓口担当の職員が勤務時間内に端末を操作して自分の交際
している女性の家族関係や住所に関する情報を取得してそれを前提
に相手の女性に家族関係を問い合わせたというものであります。

　不審に思った女性からクレームをつけられ発覚したというわけで
あります。

　また，類似の案件で市民課以外のセクションに所属している職員
が自分が好意を持っている女性とその家族の身分関係を知るために
戸籍情報にアクセスしようとしましたが女性の本籍地がわからなか
ったためそれを知るために市民課にあります戸籍の見出帳を見てそ
の女性の本籍，筆頭者を確認した上で戸籍情報を取得したという事
案もありました。

　情報管理について範を示すべき立場にある職員によるこうした事
案は論外であり規範意識に問題があるのかも知れません。

10　住民票写し紛失事件

　次の事案はある人の世帯全員の住民票の写しの交付申請がなされ
たのに当該申請をした本人のみの単独の写しを交付してしまったん
ですね。そのためクレームをつけられたわけですね。そこで改めて

申請どおりの写しを作成して申請者の自宅を訪問してそれを交付したわけですがその際誤って交付した写しを引き換えにもらったのですが今度はそれを役所に帰る帰途に紛失したというわけであります。

　報道によりますとこういうときはこの役所では鍵の掛かるかばんを使用する決まりになっていたようなんですね。しかし，そのとおりにはしなかったというわけであります。

　まさに単純と言えば単純な事案ですが情報管理という面からは「どのような情報が申請されたのか，作成したものがそれにマッチしているかどうか」の確認ミスと「事後処理方法のルール違反」という二つのミスを犯しているということになろうかと思います。

11　除籍簿・戸籍謄抄本交付申請書・住民票の写し等交付申請書誤廃棄事件

　次は帳簿あるいは各種申請書類の保管管理に関わる事案でございます。

　こうした分野は意外と軽視されているのではないかと推測される側面があるように思われます。届出に基づく処理とか申請・通知に基づく事務処理の範疇とは少し違うということでともすればこうした分野の仕事はいわゆるエキストラ・ワークつまり余分な仕事であるという潜在的意識があるいはあるのではないかと思うわけであります。

　しかし，適切な情報管理の側面からはその重要性は他の業務と少しも変わらないものであると思います。そういう認識が是非必要であろうと思います。

　いくつか事例を挙げておりますが，(1)は除籍簿の保存期間が経過していないにもかかわらず誤って廃棄してしまったというものでご

ざいます。

　除籍簿の保存期間はご案内のように「当該年度の翌年から80年とする」とされております。以前は50年であったものが相続等の関係で親族関係の証明等のためには50年では短いという批判もあり昭和36年に80年に延長されたものであります（注：平成22年法務省令第22号で「150年」に改定されています。）。

　極めて長い期間にわたって利用される可能性の高いものでありますからその保管管理は慎重であるべきは当然のことと思います。

　また，近畿地方のある市では戸籍の原本そのものを紛失したという事案も報道されたこともあります。

　(2)の戸籍謄抄本交付申請書の誤廃棄事件，(3)の住民票の写し等の交付申請書の誤廃棄事件も間断なく報じられている事案の一つであります。

　レジュメにも少し書いておりますが誤って廃棄する原因の一つに，「保存期間」のカウントの仕方の誤解によるものがあるように思います。

　つまり，保存期間を定める場合に「会計年度」と「通常の年度」で区切るという二つの方法があるんですね。自治体では会計年度で定めておられるところが多いようであります。

　しかし，戸籍の謄抄本等の交付申請書の場合は会計年度ではなく通常の年度つまり1月から12月を単位にして年限をカウントする建前になっているようであります。

　そうしますとこれを会計年度で区切ると誤解しますと当然のことながらある年の1月から3月までの分が誤って期間に算入されてしまうという危険があるということになります。

　まあいずれにいたしましてもこうした保存文書の廃棄にはそれぞれ拠るべき規定があるわけでありますからそれに従い，文書の特定，保存年限の明示，廃棄決定した文書と他の文書との混同の防止措置等いろいろ留意する必要があるかと思うわけであります。

12　戸籍届書類の記載事項証明申請に対する対応不備事案

　さて次は戸籍届書類関係の事案でございます。これはある市で未だ法務局に送付されていなかった届書つまり未だ市に保管中の届書の記載事項証明がなされましたところ，窓口の担当者が「それは法務局で請求してください」と説明したためその申請者は法務局に行って請求したんですが法務局にはまだ送付されておりませんから当然証明は発行できないということで申請者に大変迷惑をかけたという事案でございます。

　戸籍の記載手続を完了しますと届書，申請書その他の書類は「本籍人」と「非本籍人」とに区別し，「本籍人」に関するものは「一箇月」ごとに遅滞なく管轄法務局に送付しなければならないとされていることは皆さんご承知のとおりであろうと思います。

　ですから戸籍の処理が終わりましても法務局に送付するまでの間は市町村にあるわけであります。その間に記載事項証明等の請求があれば当然これに対応する必要があります。

　ご承知のとおり戸籍の届書類と申しますのは，戸籍が滅失した場合の再製資料とするほか，戸籍の届出または記載（記録）をめぐる紛争に関しましてその証拠書類として利用することなどのために保管されているものでございます。

　そして，届書類は原則として非公開とされており，例外的に，戸籍に記載（記録）されていない事項を届書の記載によって確認また

は証明する必要がある場合に，これを公開するなどして身分関係の公証の補充的役割を果たしているものでございます。

このような請求がありましたときには審査を慎重にすることはもちろんその前提として保管の実態をよく確認してから対応すべきであろうと思います。

担当者の頭には「届書は法務局」という先入観が支配していたのかも知れません。やはりこうした情報は日ごろから担当者間で「共有」しておくことが必要であろうと思います。

13 DV（ドメスティック・バイオレンス）被害者に係る住所情報等開示事件

最後がDV被害者に係る住所情報等開示事件であります。

配偶者暴力相談支援センターのデータによりますとDVに関する相談は年々増加の一途を辿っておりまして平成20年度は68,198件となっております。

また，DV法に基づく裁判所の保護命令事件（被害者への接近禁止命令でありますとか電話等の禁止命令などを内容とするものでありますが）は平成20年度では3,143件の申立てがありその80％に当たる2,525件で保護命令が発令されております。

皆さんの所管されております住民基本台帳法に関連する分野でも被害者保護のための措置が採られ被害者からの支援措置の申出書などの提出を受けて被害者の住所情報等に関する非開示措置がなされているわけであります。

ところが折角このような支援措置の申し出がなされているにもかかわらず担当者のミスにより支援措置による公開制限が働かず被害者の転出先の情報が加害者に漏れてしまう事例が頻発しているわけ

であります。

　レジュメには三つばかりの事例を挙げておきましたけれども参考にしていただければと思います。

　折角の支援措置がミスによって全くその趣旨が損なわれるということはDV被害者本人にとりましては大変精神的な苦痛を被るだけでなく財産的な側面でも大きな影響を与えることにもなりますから慎重な対応が必要であろうと思います。

7　終わりに

　さて情報管理をめぐってお話して参りましたがその基本は繰り返しになりますが的確な事務処理をすることに尽きると思います。

　そして，適切な情報管理という視点からは戸籍であれ住民基本台帳であれ事務の全ての流れの中で目配りする必要があるということがまず認識される必要があろうかと思います。

　今日は主管課長の皆さんにはまさに「言わずもがな」のことばかりお話して参りましたがレジュメの最後に今日お話しましたような事例から学ぶべきことをピックアップしておきました。

　念のために私なりの総括をいたしますと以下のようになろうかと思います。なんらかご参考になれば幸いでございます。

　まず第一は，執務に際しての準拠法令等に対する日常的研鑽でございます。戸籍事務も住民基本台帳事務もともに優れてレベルの高い法律の執行事務でございます。事案のそれぞれが個性を持った多様なものでありますから画一的な処理をして済ませるような簡単なものではないと思います。それだけに事務処理に当たり準拠すべき法令・通達等のそれぞれの正確な理解のために日常的な研鑽が求め

られていると思うわけであります。

　第二は，個人情報（プライバシー）の要保護性の徹底ということでございます。とりわけ初任者，臨時職員とか外部委託業者等に対する守秘義務の徹底が必要かと思います。

　第三は，難解な事案，虚偽の疑いのある事案等については拙速を避け関係機関と密接な連携を図ることが肝要かと思います。特に管轄局とは重要な情報は常に「共有」するという姿勢が望ましいかと思います。

　第四は，重要な事案，難解な事案等については担当者相互間で情報を共有することも必要であろうと思います。

　第五は，戸籍事務の処理と住民基本台帳事務の処理の有機的・体系的・恒常的連携の維持，特に事案の中にもありましたような住民票はあるけれども戸籍はない，というような状態は是非とも防止したいものであります。そして，事務処理後のチェック体制を組織として確立することが誤処理防止の重要な担保手段であることを認識する必要があるかと思います。

　第六は，申請人・相談者等との対応も事案の内容によりその場所，対応者等も工夫することが必要であろうと思います。その場の空気を読む，そして，臨機応変でありたいものであります。

　第七は，不幸にして市町村側の事務処理上の過誤があったときは誠実かつ迅速に組織として対応することも大変大切であろうと思います。そして戸籍訂正が必要であれば誠実な提案なり対応策の説明等がなされるべきであります。加えて申し上げますならば誤った処理をしたときは常にその原因を検証しそれを以後の事務処理に活かすことを慣習化することであります。

　第八は，戸籍法・住民基本台帳法の改正趣旨のＰＲがまだまだ必要であろうと思います。特に戸籍制度の公開の見直し，戸籍記載の真実性担保のための措置の内容についての周知徹底が肝要かと思います。

　いずれも当然のことばかりかと思いますがこんなところでしょうか。

　以上，大変雑駁なお話で私自身忸怩たる思いでおりますが研修員の皆さんには終始熱心にお聞きいただきましたことに感謝しております。ありがとうございました。

　研修員の皆さんの益々のご活躍とご健勝を祈念いたしましてお約束の時間になりましたので私のお話はこれで終わりたいと思います。

◆レジュメ◆

1 はじめに

2 個人情報保護法制の整備とその理念

3 戸籍情報・住基情報の保護法制の整備

　　★背景
　　★内容

4 個人情報（プライバシー）の権利的特質

①　個人の人格権に属し，かつ，一身専属的性質を有する

②　いったん「情報」が開示されると，多数の人がその情報を共
　　有し，又は，共有する可能性があり，さらにその範囲が拡大す
　　るおそれもある

③　いったん開示（公開）されると，原状回復は不可能である

④　したがって，この権利を守るためには，何としても「予防」
　　（結果発生の事前防止）が必要であり，事後の損害賠償等では
　　根本的解決にはならない

⑤　しかし，同時に，個人によりその権利性の認識については相
　　対的な側面もある

⑥　表現の自由，公共の福祉（正当な開示事由の存在等）との関
　　係にも十分留意する必要がある

5　戸籍情報・住民基本台帳情報の保護をめぐる最近の改善措置及び国民意識の動向の素描

1　立法・行政上の措置による保護

⑴　特別養子縁組における特別養子の戸籍編製，戸籍記載等による保護措置

　　　〔昭和62年 ｛1987年｝〕

⑵　住民票の続柄欄の記載方法の改善

　　　〔平成 7 年 ｛1995年｝〕

⑶　成年後見情報の公示方法の改正

　　　〔平成11年 ｛1999年｝〕

⑷　戸籍の創設的届出における本人確認の通達による実施

　　　〔平成15年 ｛2003年｝〕

⑸　虚偽の届出若しくは錯誤による届出等又は市町村長の過誤によって不実の記載がなされ，かつその記載について法所定の規定（戸24条 2 項，113条，114条又は116条）によって訂正がされた場合に，当該戸籍に記載されている者から，当該訂正に係る事項の記載のない戸籍の再製の申出があった場合のその再製に関する措置→戸11条の 2 の規定新設

　　　〔平成14年 ｛2002年｝〕

⑹　DV被害者保護のための「住民基本台帳の一部の写しの閲覧及び住民票の写し等の交付に関する省令」の改正→請求事由の明示要求

　　　〔平成16年 ｛2004年｝〕

⑺　嫡出でない子の戸籍における父母との続柄欄の記載の改善

措置

　　　　［平成16年　{2004年}］

⑻　住民異動届の審査時における本人確認の厳格化

　　　　［平成17年　{2005年}］

⑼　婚姻の解消又は取消し後300日以内に生まれた子の出生の届出の取扱いについての通達による改善措置→懐胎時期に関する医師の証明書が添付されていてその記載内容から判断して，推定される懐胎の時期の最も早い日が婚姻の解消又は取消し後の日である場合に限り，婚姻の解消又は取消し後に懐胎したと認められ，この場合は，民法772条の推定が及ばないものとして，母の嫡出でない子又は後婚の夫を父とする嫡出子出生届が可能→平成19・5・7第1007号民事局長通達

　　　　［平成19年　{2007年}］

⑽　戸籍法改正・住民基本台帳法改正

　　　　［平成19年　{2007年}］

2　国民の側の防衛的現象の拡大

⑴　嫡出でない子の出生届出に際し，届書の「父母との続き柄」欄へのチェックを拒否する事例の増加

　●このような出生届の不受理処分による住民票不作成に対する提訴事件

　　最高裁平成21年4月17日判決→母がその戸籍に入る子につき適法な出生届を提出していない場合において，区長がその住民である子につき母の世帯に属する者として

　　　　　　　　　　　　　　　　住民票の記載をしていない
　　　　　　　　　　　　　　　　ことが違法とはいえないと
　　　　　　　　　　　　　　　　している。

⑵　省略抄本・一部記載事項証明書等の請求の増加

⑶　戸籍情報・住民基本台帳情報等の交付請求者（申請者）に係る申請情報の開示請求事案の増加（各自治体の情報公開条例に基づくものと思われる）

⑷　戸籍における「不受理申出」利用の増加

⑸　DV被害者からの「自己情報」（戸籍附票情報・住民票情報）の不開示申出の増加

⑥　戸籍・住民基本台帳情報等の管理をめぐる最近の事案から

1　戸籍担当臨時職員による戸籍情報漏洩による損害賠償請求事件

　ある市の臨時職員が執務中に知り得た住民の戸籍情報を自己の友人に漏洩したとしてプライバシー侵害の不法行為責任が認められた事例である。国家賠償責任は否定された。

　　＊京都地裁平成20年3月25日判決・判例時報2011号134頁
　　＊拙稿「ピックアップ判例戸籍法96・損害賠償請求事件」戸籍誌830号26頁

◆問題点

　①　守秘義務・プライバシー（個人情報）保護の重要性の不徹底

　②　行為の体様によっては国家賠償責任も肯定される可能性ある

③　臨時職員に対する情報保護（守秘義務）の必要性の徹底

2　戸籍訂正許可申立事件

戸籍のコンピュータ化に伴う戸籍改製に際し，市町村長が氏名の誤字を正字に改める場合に事前に本人に対し書面により告知するよう通達によって示されている手続を省略したため，本人がもとの表記（誤字による表記）への戸籍訂正（戸113条）を求めたところこれが認められた事例である。

＊鹿児島家裁知覧支部平成19年7月19日審判・家裁月報59巻12号102頁

＊拙稿「コンピュータ化に伴う戸籍改製と氏名の誤字の訂正手続」民商法雑誌138巻3号108頁

＊拙稿「ピックアップ判例戸籍法92・戸籍訂正申立事件」戸籍誌819号38頁

◆問題点

①　通達に定められている告知手続の懈怠

②　氏名情報に特段のこだわりを持つ国民性への日常的配慮

③　職務遂行上重要な「関係通達」の徹底

3　戸籍電算化の際の入力ミスによる戸籍記載事項遺漏事件

関東地方のある市での事案である。記載（記録）を遺漏された女性が他の地に転住して転住後の自治体から住所変更の通知をした際に発覚したというもので遺漏期間は1年程度で済んだ事案ではあるが事情によってはこの遺漏状態は継続していた可能性もあった。

◆問題点

①　入力チェックの厳格化

② 改製後，事項証明等請求があったときは必ず改製前戸籍と照合して遺漏の有無を確認することも有益

4 戸籍謄本等交付ミス・トラブル事件

関東地方のある市での事案である。申請に係る男性本人の戸籍謄本ではなく当該男性の親族の謄本を誤って交付したところ申請した男性からクレーム。男性宅を訪れ謝罪するも受け入れられず，その後再び苦情があり，主管課長が自己のポケットマネーを用いて解決金のつもりで男性に手交したという。事実関係は必ずしも明らかでない部分もあるが報道によれば以上のような経過であるとされている。

なお，関連して類似の最近の事例として，やはり関東地方のある市区で戸籍の全部事項証明書の交付申請があったところ申請者と同姓同名の別人の証明書を誤って交付したという事案，さらに同じ市の別区では二人の申請者から社会保険事務所に提出するため戸籍全部事項証明書の請求がなされたところ，二人の証明書を一緒に綴じ込んで交付したという。提出を受けた社会保険事務所からの連絡で発覚したという。

◆問題点

① 「請求された情報」内容の的確な把握

② 交付の際の内容確認

③ トラブル解決方法の不適切→事案の正確な把握と組織による対応

④ ミスにつけこむ不当要求（わび料の要求等）に対する厳格な対応

5 戸籍情報漏洩事件

中部地方のある町での事案である。住民課長が知人らと共謀し，日本での在留資格を得ようとしていたフィリピン人女性の偽装結婚を計画し，町に戸籍を残したまま海外に移住した家族の氏名や本籍地を提供し，偽装結婚を手助けしたというものである。

公正証書原本不実記載・同行使の罪で起訴，有罪が確定している。

◆問題点

① 自己が職務上知り得た戸籍情報を提供して偽装結婚に関与するなどは論外

② 在留資格取得のため戸籍情報が狙われる危険性，可能性の認識

最近も偽装結婚，偽装認知等の事件が報道されている。

これら事件の背景への関心

6 戸籍原本捏造事件

関東地方のある市での事案である。市職員が知人のフィリピン人女性の日本での在留資格を取得させるために偽装結婚を計画し，架空の男性の戸籍を捏造し，この戸籍を使用して当該女性の婚姻手続を行い，これにより当該女性は戸籍上日本人の配偶者となり，在留資格を取得したというものである。

◆問題点

① 犯行当時は市民課以外の部署にいた職員がどうして市民課にある戸籍原本用紙を持ち出したり虚偽の記載（偽造）をし市長の公印（文末認印）を使用することができたのか

② 戸籍関係用紙，関係印鑑あるいは戸籍簿等の保管管理

③ 仲間（身内）意識で他の部署の職員に便宜を図ったり，情報を漏洩する等の危険性

7 出生届書等紛失・放置事件

　この類型に属する事案も間断なく報道されている。いくつかの最近の事例を紹介しよう。

⑴ 九州のある市での事案である。非本籍地に父親から提出された女児の出生届書が本籍地に送付されていなかった（送付されたかどうかも不明）ため８年間にわたり戸籍に記載されていなかった。謄本申請で発覚したという。ところが現住所における住民票は作成されていたという。市は慰謝料を支払うことになったようである。

⑵ 中部地方のある市での事案である。出生届書を事務処理の過程で紛失したというものである。10か月にわたり戸籍に記載されないままになっていたという。謄本申請で発覚したという。本件でも住民票は作成されていたという。

⑶ 中部地方のある市での事案である。在外公館に提出された出生届が外務省を経由して配達記録郵便で郵送されこれを受領し市民課に回付した。ところが市民課の中での処理過程で紛失したというものである。これも謄本申請で発覚したという。

　在外公館から届書の写しの再送付を受けて処理したという。

⑷ 九州のある町での事案である。出生届が提出されこれを受領しながら担当者がこれを放置したため２年10か月間，無戸籍になっていたというものである。さらにこの事案では，届出の際に子の名に用いる漢字が使用できるものかどうかを聞

かれたのに何の調査確認もしないまま「使える」と答えたが実際は一字は使用できない漢字であったという。このため後で改めて使用できる漢字に変更（同じ読みの別漢字）せざるを得なかったという。本件でも住民票には記載されていたという。

　なお，この担当者は他にも婚姻届や死亡届など8件も放置していたという。担当者が別の部署に変わり後任者が発見したという。

(5)　関東地方のある区で死亡届2件ほかを紛失したという。原因は不明という。

◆問題点

①　届出情報（届書等）の管理，つまり，事務処理過程（戸籍の処理と住民票の処理等）における関係文書の管理（その移動・処理と保管管理の確認）に体系的・継続的視点が必要

②　届出に際して極めて重要な相談（人名用漢字使用の可否等）に対する不誠実，不見識な対応

③　届書等の送付に際しての到達確認の不徹底（平成7・12・26付け通達→未着事故の発生を早期に把握するもの）

④　戸籍の処理と住民票の処理の順序→原則は戸籍の記載（記録）に基づき住民票の処理をするのが法の趣旨ではないか

　最高裁平成21年4月17日判決も「戸籍の記載に基づき住民票の記載をする方が，戸籍の記載と住民票の記載との不一致を防止し，住民票の記載の正確性を確保するために適

切であるとするのが法の趣旨」であると説いている。

　例の離婚後300日以内の出生子のうちの特定の要件を充たしているような場合の例外的事情があるケース等の場合は別である。

8　戸籍の誤処理事件

　この類型に属する事案も報道の対象となることが多い。いくつかの事例を紹介しよう。

(1)　要件不備の婚姻届受理事件

　近畿地方のある市での事案である。夫17歳，妻17歳を当事者とする婚姻届を誤って受理したというものである。いわゆる不適法婚の事例である。夫の本籍地に届け出があり男性の年齢が法定の婚姻適齢（18歳）に2か月不足しているのを看過して受理したが妻の本籍地に届書のコピーを送付しそこで不適齢婚であることを発見し本籍地に連絡して明らかになったようである。親の同意書は具備していた。

(2)　戸籍誤記載事件

　山陰地方のある市での事案である。30歳代の男性の戸籍に30年間にわたり続柄欄に「長女」と誤記載されていたというものである。当該男性が婚姻届を提出しその審査の過程で発覚したという。この場合，当該戸籍の訂正をしない限り婚姻届は受理できないことになる。住民票の性別欄は「男」になっていたという。

(3)　戸籍誤記載事件

　近畿地方のある市での事案である。子の出生届を提出した親が届出後11年ほど後に戸籍謄本を請求したところ戸籍には

その子が「死亡」（身分事項欄）と記載されていたというものである。戸籍訂正の後申出による再製がなされたようであるが両親は慰謝料請求の訴えを提起したという。

(4) 戸籍誤記載重複事件

　　山陰地方のある町での事案である。ある男性が婚姻届を提出後３か月くらい後にパスポート申請のために戸籍謄本を請求したところ戸籍上は未だ未婚つまり独身のままであったという。調べてみると自分の妻は自分の弟と「婚姻」していたというものである。

　　ミスはこれで終わりではなかった。数年後今度はこの夫婦間に生まれた長男が父母との続柄欄に「長女」と記載されていたという。

　　しかもこのようなミスは届書等の調査をすればすぐにわかることであるにもかかわらずこれらの戸籍訂正に報道によれば２か月以上も要していたという。

(5) 戸籍誤記載事件

　　東北地方のある市での事案である。ある男性が20年間にわたって戸籍の続柄欄に「長女」と誤記載されていたというものである。

　　男性の姉がパスポート申請のために謄本を取り寄せたところ判明したという。

　　なお，この市ではこの事件の直後にも要件不備の出生届（離婚後300日以内の出生子について例外的事情〔離婚後の懐胎証明，裁判等による父子関係否認等〕が存在しないにもかかわらず父親欄を空欄にした出生届（つまり嫡出でない子と

しての出生届として））を受理したという。

◆問題点

① いずれも基本的なミス（だからこそ問題を深刻にとらえるべき）

② 当事者に対する対応の拙さ，不誠実な姿勢（特に(3)(4)の事案）→報道による限りミスについての説明責任極めて不十分

③ 事務処理のプロセスの中で処理内容のチェック機能がどのように作用しているのかが不明確

④ 訂正処理の教示，手続が誠実，迅速でない

⑤ 戸籍の再製手続（戸11条の２，戸規10条）の活用

⑥ 要件審査の正確

9 市職員による個人情報（住民基本台帳情報）アクセス事件

近畿地方のある市での事案である。市の窓口担当職員が勤務時間中に端末を操作し交際相手の女性の個人情報（住所や家族構成）を入手したというものである。その情報をもとに女性の家族構成について問いただし，不審に思った女性から抗議を受けて発覚したという。

なお，類似の例として，九州のある市で市民課以外の部署に在籍している職員が好意をもっている女性及びその家族の身分関係を知るために戸籍情報にアクセスしようとしたが当該女性の本籍地が不明であったためにそれを知るため市民課にある戸籍簿見出帳（これで筆頭者氏名，本籍，戸籍編製年月日等がわかる）を閲覧して当該女性の戸籍情報を取得したという事案もあった。

◆問題点

① 個人情報の管理そのものを職務とする職員のこのような行為は論外

守秘義務等（住基法35条，36条の２等）の規定を持ち出す以前の問題

② 個人情報保護条例違反

10 住民票写し紛失事件

中部地方のある市（区）での事案である。女性から自己の世帯全員の記録された住民票の写しの交付申請を受けたにもかかわらず当該女性のみを記載した住民票の写しを誤って交付した。申請した女性からクレームを受けて改めて全員の記載された住民票の写しを作成し女性の自宅を訪問し既に交付した住民票の写しと引き換えに再発行した住民票の写しを交付した。

ところがその帰途に女性から受け取った住民票の写しを紛失したというものである。

この区ではこのような場合は鍵の掛かる専用のかばんを使用する決まりになっていたようであるが担当者はその方法によらずズボンのポケットに入れて運んでいたという。

◆問題点

① 請求内容の確認と交付時における再確認

② 決められたルールの遵守

11 除籍簿，戸籍謄抄本交付申請書・住民票の写し等交付申請書誤廃棄事件

この類型に属する事案も少なからず報道されている。

(1) 除籍簿誤廃棄事件

　中部地方のある市での事案である。保存期間の経過していない除籍簿（保存期間80年→戸規５条④（注：平成22年法務省令第22号で「150年」に改定されています。））１冊を誤って廃棄したというものである。保存期間の経過した除籍簿を廃棄する際近くにあった未だ保存期間内の除籍簿を一緒に入れて溶解したという。他の自治体から関係除籍簿について照会があり判明したという。

　また近畿地方のある市（区）では戸籍原本を紛失したという事案も報じられている。

(2)　戸籍謄抄本申請書誤廃棄事件

　中部地方のある市での事案である。保存期間内の戸籍謄抄本交付申請書約３万枚を誤って廃棄したというものである。保存期間は３年（戸籍事務取扱準則制定標準55条⑹参照）とされているようであるが原因は保存期間の誤解によるもののようである。

　書類の保存期間を定めるに際しては二つの方法がある。

　一つは，会計年度で区切る方法→４月から翌年３月末

　一つは，通常の年度で区切る方法→１月から12月末

　本件の場合は会計年度ではなく通常年度で区切ることとされている（前記準則55条２項参照）。本件はこれを会計年度で区切るものと誤解したことによると報道されている。

　市内在住の女性から情報公開条例に基づいて開示請求がありそれに対応する過程で判明したものである。

(3)　住民票の写し等交付申請書類誤廃棄事件

　これも中部地方のある市での事案である。いずれも３年以

上保存することになっている住民票の写しや印鑑登録証明書の交付申請書を期間経過前に誤廃棄したというものである。

　いずれも書庫内で段ボール箱に入れていたが，廃棄するための段ボール箱と一緒の場所に置いていたことが原因のようである。

　この市では数年前にも同様の事案を起こしていたという。

⑷　戸籍・住民票等交付申請書誤廃棄事件

　九州のある市での事案である。不要書類とともに誤って廃棄したという。個人情報開示請求に対応する段階で判明したという。

⑸　死亡届書・戸籍謄本等紛失事件

　関東地方のある区での事案である。交付するために保管中の戸籍謄本，受け付けた死亡届書その他の書類を紛失したというものである。原因は不明のようである。

◆問題点

①　保存期間の把握

　▲保存期間

　　⒜　除籍簿→80年＊（戸規 5 条④）

　　⒝　改製原戸籍→150年（昭和32年法務省令27号）

　　⒞　コンピュータ化による改製原戸籍→150年（平成 6 年法務省令51号附則二⑥）

　　⒟　再製原戸籍→ 1 年（戸規10条の 2 ①③）

　　　　　　　　　80年＊（戸規10条の 2 ②）

　　⒠　受付帳→50年＊（戸規21条③）

　　（注：＊は平成22年法務省令第22号で「150年」に改定さ

れています。）

　②　廃棄対象簿冊・書類と他の簿冊等との区別化・特定化

　③　保存期限の明示・確認

12　戸籍届書類の記載事項証明申請に対する対応不備事案

　　ある市で未だ管轄法務局に送付されていなかった（市に保管中）届書の記載事項証明の請求（戸48条）がなされたが，窓口の担当者が申請者に対しそれは法務局で請求するように説明したためその申請者は法務局に行って請求したが申請に係る届書は未だ法務局に送付されていなかったため記載事項証明書が発行できず申請者に迷惑をかけることになったという事案である。

　◆問題点

　①　請求に係る届書類の所在の確認の欠如

　②　届書は「法務局保管」という思い込み

13　DV（ドメスティック・バイオレンス）被害者に係る住所情報等開示事件

　　この種事案も間断なく報道されている。

⑴　DV被害者の戸籍附票情報開示事件

　　近畿地方のある市での事案である。夫からDV被害を受けていた女性が自己の戸籍附票情報を夫が取得できなくする措置を市に求めたにもかかわらず担当者が戸籍システムへの入力を誤ったため実際には禁止措置がとられず夫はこの附票情報を取得したというものである。

⑵　DV被害者の新住民票情報開示事件

　　九州のある市での事案である。夫の暴力から逃れるために転出した女性の新住所が記載されている住民票の閲覧禁止手

続をとったにもかかわらず，担当者が誤って夫に交付し，新住所が伝わってしまったようである。女性は市に損害賠償を求めているという。

　報道によれば，県外に転出した女性がDV防止法に基づいて住民票の本人以外への閲覧禁止手続をとったが，その後，女性が転出証明書の作成を要請した際に，担当者が閲覧禁止措置を解除したが元に戻すことを失念し，数日後に夫の求めに応じて住民票が交付されてしまったという。

(3)　DV被害者の新住民票情報開示事件

　中部地方のある市での事案である。夫の暴力から逃れるため転居してきた女性から新住所を夫に知らせないように求めたにもかかわらず担当者のミスにより新住所を記載した文書（住民異動届受理通知）を夫が住む前住所に送付したため新住所が知られてしまったというものである。

◆問題点

①　いわゆるDV防止法の趣旨の徹底

②　不開示申出の有無の確認，その措置の確認

③　DV被害者の精神的・財産的苦痛への思い，原状回復不可能

7　終わりに

　情報管理の基本は的確な事務処理をすることに尽きる。最近の事例が問いかける問題点はいずれも言わずもがなのことであるが，敢えて総括すれば以下のようなことになろうか。

1　執務に際しての準拠法令等に対する日常的研鑽

2　情報管理の対象となる情報は所掌する全ての事務の流れの中にあることの認識

3　個人情報（プライバシー）の要保護性の徹底

4　特に臨時職員，外部委託業者等に対する守秘義務の徹底

5　難解な事案，虚偽の疑いのある事案等については拙速を避け関係機関と密接な連携を図る

6　重要な事案，難解な事案等についての担当職員相互間の「情報共有」

7　戸籍事務の処理と住民基本台帳事務処理の，有機的，体系的，恒常的連携

8　申請人，相談者等との対応も事案の内容によりその場所，対応者等の工夫

9　不幸にして市町村側の事務処理上の過誤があったときは誠実かつ迅速に組織として対応

10　戸籍法・住民基本台帳法の改正の趣旨のPR

戸籍誌841号（平成22年4月）所収

12 戸籍制度等改革の軌跡とその意義―こ
の10年を振り返って―

─────────────────────────────────────●

> 本稿は，平成23年1月20日に法務省で開催された平成22年度
> 市区町村戸籍事務従事職員管理者研修（戸籍主管課長中央研
> 修）での講演に加筆修正したものです。

1 はじめに

ご紹介いただきました澤田でございます。よろしくお願いいたします。

本日は，「戸籍制度等改革の軌跡とその意義―この10年を振り返って―」と題しましてお話をさせていただきたいと思います。

戸籍の仕事と申しますのは多分主管課長の皆さんもいろいろとほかの職務も経験されているかと思いますがそうした仕事との比較におきましてもこの仕事を適正かつ円滑に処理していくためには随分幅広い分野に目配りしなければならないという特質を持っているように思うわけであります。

もちろんその中心になりますものは民法特に親族法の規定とそれらを受けての戸籍関係法令，そして，親族法関連の重要な裁判例でありますとか戸籍関係の通達等の先例がベースとなると思いますが決してそれらに止どまるものではありません。

戸籍が日本人の国籍登録という機能を有している面に着目しますと国籍法令も重要な関係法であります。戸籍の届出を介して住民票

の作成に連動しその正確性を担保する等の機能を有している面に着
目しますと住民基本台帳法令も重要な関係法であります。いわゆる
渉外的戸籍事件の処理という側面からは法の適用に関する通則法は
必須の法律であります。

　また戸籍の届出にはあらかじめ家庭裁判所の許可を要するものが
民法なり戸籍法の中に多く規定されておりますしそのために家事審
判法があります。夫婦・親子に関する基本的な身分関係の形成又は
存否の確認を目的とする訴えに係る訴訟であります人事訴訟等につ
きましては人事訴訟法が用意されております。これらの法律は戸籍
の処理と深く関わっておりまして極めて重要な関係を有するもので
あります。

　また，性同一性障害者の性別の取扱いの特例に関する法律，後見
登記等に関する法律も戸籍事務処理上重要な法令として見逃すこと
はできないものであります。

　そして，このように幅広い分野が関連するだけでなく，こうした
法令の解釈運用は極めて高いレベルの法律執行業務でもあるという
特質をも有するものであります。こうした点は主管課長の皆さんも
実感されていることであろうと思います。

　加えて，戸籍事務は社会一般の関心の度合いも高いものがありま
す。それは同時にマスコミの関心事でもあるということであります。
最近報道の対象となった事案を少しピックアップしてみましても例
えば，虚偽の疑いのある養子縁組届出の未然防止策としての新しい
通達の発出がありましたし，50歳に達した女性議員の体外受精によ
る出産報道もありました。また，婚姻に際して夫婦同氏の原則を規
定する民法750条の規定が憲法違反であるとして国家賠償請求訴訟

を提起するという報道もありました。子供を虐待する親の親権制限の立法化への動きの報道もありました。いずれも戸籍実務に深く関わる問題であります。

　こうした特質をもつ戸籍事務でありますがこれらの事務の円滑な処理のための改革改善は不断に行われているわけでありますが21世紀に入りましたこの10年という期間を見てみますと戸籍関連分野も含めまして極めて重要な制度等の改革改善措置がなされた10年であるということが言えるようにも思うわけであります。いわば戸籍制度等の基盤整備に直接間接大きな意味をもつ10年という位置づけができると思うわけであります。その意味でこのようなテーマを設定いたした次第であります。ただ，そうは申しましてもこれらの内容を詳しくお話する能力は私にはありませんし時間的にも取り上げる項目との関係では大変タイトになっていますので文字どおりいくつかのテーマに絞りその内容を素描ないし点描する程度のお話になるかと思います。主管課長の皆さんには少し歯ごたえのない内容になるかと思いますがあらかじめご了承いただきたいと思います。また，当然のことでございますがお話の中で意見めいたことや感想を申し上げるかと思いますがすべて私の個人的考え方でありますことも併せてご了承いただきたいと思います。

　それではお手元にレジュメを用意しておりますのでそれに沿って進めていきたいと思います。

② 戸籍制度等改革・改善措置の主たる事項の素描（この10年を中心に）

1　いわゆる地方分権推進一括法と戸籍法の改正について

　まず最初はいわゆる地方分権推進一括法と戸籍法の改正について
であります。地方分権の推進を図るための関係法律の整備等に関す
る法律が平成11年に成立しそのほとんどが平成12年４月から施行さ
れました。この法律は平成10年５月に内閣が作成しました地方分権
推進計画等を踏まえて，地方自治法をはじめとする関係法律につい
て，各般の行政を展開する上での国及び地方公共団体が分担すべき
役割の明確化を行った上で，機関委任事務等の廃止を柱とする改正
を行ったものでありました。役割の明確化は次のような内容であり
ました。

　つまり，「地方公共団体は，住民の福祉の増進を図ることを基本
とし，地域における行政を自主的かつ総合的に実施する役割を担う
ものとする。」「国は，国際社会における国家としての存立にかかわ
る事務，全国的に統一して定めることが望ましい国民の諸活動若し
くは地方自治に関する基本的な準則に関する事務又は全国的な規模
で若しくは全国的な視点に立って行わなければならない施策及び事
業の実施その他の国が果たすべき役割を重点的に担い，住民に身近
な行政はできる限り地方公共団体に委ねることを基本とする。」と
いうものでありました。

　その背景には，従来，地方公共団体が国の機関委任事務として処
理している分野が非常に多く，そのため本来の地方の仕事の処理の
足かせになっていたという問題がありました。

　そこはもっとスリムにしなければならないという改革であり全体
として475本の法律の一部改正又は廃止が定められるという大改革
でありました。

　この改革によりまして，地方公共団体が処理する事務につきまし

て新たに「自治事務」と「法定受託事務」という区分がなされまして，従来国の機関委任事務として処理されていました戸籍事務は改正後は「法定受託事務」とされたわけであります（地方自治法2条9項1号，戸籍法1条2項参照）。つまり，従来の機関委任事務は，この改革によりまして，①従来どおり存続する事務，②国が直接執行する事務，③事務自体の廃止，という三つに区分され，①の従来どおり存続する事務が「自治事務」と「法定受託事務」に分類されたわけであります。これにより，市町村が戸籍事務を処理することとされ，市町村長は，その執行機関として，戸籍事務を管掌することとされたわけであります（戸1条1項）。

　この問題はまさに釈迦に説法の類いの話になりますが，地方分権推進一括法のコンセプトはまさに「地方分権」そのものでありまして，地方の力を強くしようという狙いからの改革でありました。地方の自主性を高めて，逆に国の管理を少なくしようという目的のもとに進められてきた改革でありました。

　その趣旨が端的に表れておりますのが地方自治法の245条の2と同条の3の規定であります。法定受託事務は「本来国が果たすべき役割に係るもので，国においてその適正な処理を特に確保する必要があるもの」と定義されております（地方自治法2条9項1号）。この定義からも理解できますように「国においてその適正な処理を特に確保する必要がある」という事務の性質上，国のある範囲での関与は必要かつ不可欠なものということは言えるかと思います。戸籍事務においてもその例外ではありません。しかしながら，その場合でも「関与」のありようは従前とは根本的に異なったものと位置づけられています。そこがこの改革の重要なポイントであります。

　地方自治法245条の２は「普通地方公共団体は，その事務の処理
に関し，法律又はこれに基づく政令によらなければ，普通地方公共
団体に対する国又は都道府県の関与を受け，又は要することとされ
ることはない。」としていますし，同条の３は「国は，普通地方公
共団体が，その事務の処理に関し，普通地方公共団体に対する国又
は都道府県の関与を受け，又は要することとする場合には，その目
的を達成するために必要な最小限度のものとするとともに，普通地
方公共団体の自主性及び自立性に配慮しなければならない。」とし
ています。これは非常に重要な規定であります。そして，戸籍事務
につきましても，この趣旨に即して，従前の管轄局長等の一般的監
督規定は削除され，新たな関与の内容が法定されたわけであります
（戸３条，平成12・３・15民二第600号民事局長通達第１の１(2)参照）。
　この改革によりまして，市町村と法務局の関係も従来の垂直・上
下の関係から水平の関係に変化したということができると思います。
ただ，長い期間にわたり機関委任事務として処理してきた体制が定
着していたのも事実でありますから，この改革の趣旨を現実化する
には少し時間が必要かも知れません。しかし，もう改革から10年が
経過しています。
　戸籍事務に限りませんが皆さんのところでは何か変化の兆しは出
てきているでしょうか。
　大事なことはこの改革の趣旨を活かすことがつまりは地方公共団
体の発展のための重要な要素であるという視点であろうと思います。
　蛇足になりますが，戸籍事務の関連で申しますと，ミクロの視点
で見ますと，個々の担当職員の皆さんがいかに自主・自立的な審
査・処理ができるかという問題であり，マクロの視点で見ますと組

織全体がこの改革へ積極的姿勢を確立することであろうと思います。

　これからの益々の進展を期待したいと思います。

2　申出による戸籍の再製制度の創設について

　次は申出による戸籍の再製制度の創設についてであります。戸籍法の一部を改正する法律が平成14年12月に成立し施行されましたがこの改正により新たに戸籍法に第11条の２の規定が創設されました。この改正も戸籍に対する国民の感情・意識を配慮した措置と言えるかと思います。

　新設の第11条の２は，虚偽の届出等，若しくは錯誤による届出等又は市町村長の過誤によって戸籍の記載がなされ，かつ，その記載について戸籍法第24条２項，第113条，第114条又は第116条の規定によって訂正がされた戸籍について，当該戸籍に記載されている者から，当該訂正に係る事項の記載のない戸籍の再製の申出があったときは，法務大臣は，その再製について必要な処分を指示する，という内容であります。第２項にも規定がありますがメインはこの第１項であります。

　ところで戸籍の再製・補完につきましては基本的な規定として第11条があります。戸籍簿の全部又は一部が滅失したとき，又は滅失のおそれがあるときは，法務大臣は，その再製又は補完について必要な処分を指示する，というものであります。火災・水害・虫害・汚染その他の自然的又は人為的な原因による場合の戸籍の回復手続規定であります。

　しかし，実際にはこの規定によるほかこの規定に準じた措置として従来通達等により再製が認められている場合がありました。その代表的なものとして昭和46年12月21日付けの民甲第3589号通達によ

る場合を挙げることができるかと思います。

　この通達は「市町村長の過誤により誤った戸籍の記載がなされ，その後にその記載が訂正された場合において，その訂正の記載のある戸籍をそのまま存置することが社会通念上著しく不当であると認められるときは，相当と認められる関係人の申出により戸籍が滅失するおそれがあるときにする戸籍の再製の手続をとって差し支えない」というものでありました。

　対象となる場合とは，①婚姻，離婚又は死亡等の当事者を誤って他人の戸籍に記載したような場合，②入籍すべき戸籍を誤って他人の戸籍に記載したりしたような場合，が示されていました。このような場合は，訂正された事項がそのまま公証されることになりますと関係人にとっては大変迷惑な事態であると言えましょう。そこで申出があれば再製することができるという措置が採られたわけであります。

　ところがこの通達による措置では対応策として不十分だとされる状況が現出しました。平成13年夏ころから，当事者の知らない間に婚姻届や縁組届等が提出され，戸籍に不実の記載がなされるという事件が頻発しました。こうした記載も多くは事後に訂正されることになりますが，訂正しましても不実の記載そのもの，訂正の趣旨・訂正の事由は戸籍面に残ることになります。このため，被害者あるいは関係自治体等から当該戸籍の原状回復のための立法措置を求める要望も出ていました。

　これらに応える形で新たな再製に関する法文が創設されたのがこの立法でありました。再製を認めることが相当と考えられる事由を虚偽の届出による記載，錯誤による届出による記載，市町村長の過

誤による記載という三つを類型的原因として取り込むことでより包括的な形で通達ではなく法律の中に規定を設けたということは戸籍という重要な身分公正証書に直接的に関わる事柄だけに大変適切な措置であったと評価できると思うわけであります。なお，この立法措置の施行に伴い発出されました通達（後記）により先ほど紹介しました昭和46年12月の通達をはじめ新たな通達に抵触する従前の通達・回答は変更又は廃止されておりますので留意が必要かと思います。

　若干敷衍いたしますと，この問題は根本のところでは「戸籍訂正と戸籍再製」という問題をどうとらえるべきかという大事な論点も含まれるテーマだと思っております。

　皆さんもご承知のとおり戸籍訂正の手続と申しますのは大変シビアな規定ぶりになっております。法113条，114条，116条，24条2項の規定に基づく訂正以外は原則として認められておりません。極めて特殊な事案について家庭裁判所の許可を不要としている場合もありますがこれは例外であります（戸59条参照）。これは訂正について特段の判断を要しない場合であります（なお戸規41条，43条参照）。

　市町村長限りの職権訂正も認められてはいますがこれとて戸籍法の法文から離れて認められているわけではありません。

　つまり，戸籍記載の錯誤又は遺漏が市町村長の過誤によるものであることが，①届書類によって明白であり，②かつ，その内容が軽微で，③訂正の結果が身分関係に影響を及ぼさない場合に，あらかじめ，24条2項に基づく許可が包括的に与えられているという扱いとされているわけであります（昭和47・5・2民一第1766号通達参

照）。

　このように戸籍訂正については極めて厳格な手続が必要とされていることにより，そのような手続を経てなされた訂正の結果は真実の身分的事実ないしは身分的関係を公示するものとして信頼されるわけであります。

　したがって，戸籍が訂正されたからといって，訂正前の記載を全く留めないようにその都度戸籍を作り直すということは，本来，戸籍手続としては考えられていなかったのではないかと考えております。法文上も，戸籍訂正の方法は，当該戸籍に訂正の趣旨及び事由を記載し（戸規44条），削除された文字もなお明らかに読むことができるようにしておかなければならない（同31条4項）などとしているわけであります。

　しかし，他方，こうした規定が設けられましたころと今日の諸々の状況は大きく変化しております。国民の戸籍について抱く意識やプライバシー保護への関心も高まってまいりますと，戸籍の記載の誤りが訂正されましても，そのままの状態で公開・公証されることに強い抵抗感を与えることも事実であります。まして，その誤りが自らの責任でない原因によるものであれば「汚れのない戸籍」に戻して欲しいという要望が強くなるのも当然かも知れません。したがって，ある範囲でこのような再製措置を可能にすることも，やはり時代の変化，国民の意識に即応したものとして必要なものと評価されるべきであろうと思います。

　ご参考までにこの立法に伴い出されました通達等とこの問題に有益な参考文献をご紹介しておきたいと思います。

　★関係通達等

① 平成14年12月18日付け民一第3000号民事局長通達

② 平成14年12月18日付け民一第3001号民事第一課長依命通知

☆参考文献

*自見武士「申出による戸籍の再製制度の概要」戸籍誌739号11頁

*伊東浩司「『戸籍法及び戸籍法施行規則の一部改正に伴う戸籍事務の取扱いについて（平成14年12月18日付け民一第3000号民事局長通達)』の解説」戸籍誌741号41頁

3 戸籍事務のコンピュータ化の推進と戸籍事務のオンライン化の実現について

次は戸籍事務のコンピュータ化の推進と戸籍事務のオンライン化の実現についてでございます。この問題も極めて21世紀的なテーマであります。

今や世を挙げてITの風が席捲しております。情報技術革新の波は私たちの生活に想像もしなかったような変化をもたらしているのが現状でございます。

そのような中で行政手続のオンライン化につきましては，ご案内のとおり，社会の大変革に向けたIT基盤の整備に取り組むために，国としての方針や理念を示した「高度情報通信ネットワーク社会形成基本法」いわゆるIT基本法が平成12年に制定されました。

そして，この法律の下に設置されました「IT戦略本部」によりまして，平成13年に「e-japan戦略」が作成されました。そこでは5年以内に世界最高のIT国家になることを目標に掲げましてIT改革への本格的な取り組みを開始したわけであります。

この戦略におきまして，政府・公共分野のIT化につきましては，

重点政策分野として「電子政府の実現」を掲げているわけであります。

　平成18年のIT戦略本部の決定によりますと，IT政策の重点の一つとして「世界一便利で効率的な電子行政」を掲げ，電子政府・電子自治体の実現に向けて高い目標設定をしていることもご案内のとおりでございます。

　戸籍事務のオンライン化もその政策の一環として位置づけられているわけであります。

　オンラインシステムのインフラであります戸籍のコンピュータ化も平成6年の戸籍法改正により可能となりまして以後現在まで作業が進行しているわけでありますが全体の87％程度が完了しているようであります。一日も早い100％の実現を期待したいと思います。

　戸籍事務手続のオンライン化のための基盤整備といいますか環境整備も着々と進められているようであります。

①　行政手続等における情報通信の技術の利用に関する法律（平成14年法律第151号）

②　行政手続等における情報通信の技術の利用に関する法律の施行に伴う関係法律の整備等に関する法律（平成14年法律第152号）→戸籍法117条の8新設→現行戸籍法130条

③　戸籍法施行規則の一部を改正する省令（平成16年法務省令第28号）

④　平成16年4月1日付け法務省民一第850号民事局長通達「戸籍事務取扱準則制定標準の策定について」

⑤　平成16年4月1日付け法務省民一第928号民事局長通達「電子情報処理組織による戸籍の記録事項証明書等の交付請求及び

戸籍の届出等の取扱いについて」

などが既に用意されていることはご案内のとおりであります。

　戸籍と並んで重要な登録・公証制度であります不動産登記につきましては既にオンラインによる申請等が現実のものとなりかなりの進展を見せているようであります。ただ，戸籍の場合には，不動産登記とは違って特に届出の場面では専門家による代理申請ということが身分行為の性質上認められておりませんからまずは戸籍証明の分野での活用が期待されることになるのかも知れません。

　いずれにしましても戸籍のオンライン化実施も指呼の間にあることは間違いないことであります。関係情報の収集，関係法令・通達等の確認整理，関係する条例の整備見直しの必要の有無等の検証等，実施への計画的なプランニングが要請されているものと思います。

　明治5年にスタートしてもう140年経過した戸籍制度でありますがその基礎をなす戸籍が紙から磁気ディスクに代わりコンピュータにより処理されさらにはオンライン化が実現するということはまさに革命的変化ともいうべきものであろうと思います。今後の着実な進展を期待したいと思います。

　なお，この問題での参考文献を一つご紹介しておきたいと思います。

　☆参考文献

　　＊永井敏夫「戸籍手続のオンライン化の概要について」〈上〉
　　〈下〉戸籍誌829号1頁・同830号1頁

4　性同一性障害者の性別の取扱いの特例に関する法律について

　次は平成15年7月に成立し平成16年7月から施行されております性同一性障害者の性別の取扱いの特例に関する法律についてでござ

います。この立法も極めて現代的な意義を有するものと言えるかと思います。

　性同一性障害は，生物学的な性別と心理的な性別が一致しない状態のことを言いますがWHO（世界保健機関）が定めました国際疾病分類であるICD－10にも掲載されている医学的疾患であります。この法律は，性同一性障害者に関する法令上の性別の取扱いの変更を認める特例について定めたものであります。つまり，性同一性障害者であって一定の要件を満たすものについて，家庭裁判所の審判により，その法令上の性別の取扱いについて心理的な性別である他の性別に変わったものとみなすものであります。戸籍上の扱いとしましてはご案内のとおり家庭裁判所へ審判を申し立て変更の審判を得ますと家庭裁判所の書記官からの嘱託に基づいて審判を得ました者の身分事項欄にその旨が記載され，続柄欄の記載が更正されることになるわけであります。

　日本での患者数は2,200人から7,000人程度と言われておりますが最近の報道によりますと１万人とも言われております。

　性同一性障害とは「生物学的には完全に正常であり，しかも，自分の肉体がどちらの性に所属しているかははっきり認知していながら，その反面で，人格的には自分が別の性に属していると確信している状態」と定義されております。ですから，生物学的には男女の両性を具備する間性（半陰陽）や性の対象に関する異常である同性愛とは区別される概念であります。

　この問題が社会の関心を呼びましたのは平成10年10月に埼玉医科大学で性別適合手術が実施されてからでありました。その後他の大学でも実施されました。

戸籍との関連では名の問題と性別の変更がこれらの人々にとって
は直接的に関わる問題でありました。そして，性同一性障害を理由
とする「名」の変更の問題については家庭裁判所は「正当な事由」
の有無の判断に際し比較的柔軟な姿勢であったと言えるかと思いま
す。現に認められたケースがありました。しかし，性別の変更につ
きましては，先ほども申しましたいわゆる間性（半陰陽）と呼ば
れるケース，つまり，胎生期（お母さんのお腹の中で成長している段
階ですが）に性の分化，男性，女性への性の分化が進むわけであり
ますが，その途中で過誤が生じ，形態的には男女の区別が困難であ
ることがあります。そういう状態で出生した子が出生届の段階では
男女どちらかで届出をするわけでありますが，成長するにつれて他
方の性の特徴を顕してくるという場合があるわけですね。そういう
場合に戸籍訂正の申立てをして他方の性への変更が認められたケー
スはいくつかありました。

　しかし，性同一性障害を理由とするものについては否定するのが
一般的でありました。私の知る限り１件だけ認められたケースがあ
りました。これは米国で手術したものでありました。否定する判決
の論理は，人間の性別は，性染色体のいかんにより決定されるもの
である，とか，男女の別を何でするかは，もっとも常識的に考えて，
生物学的，生理的な見地からである，などとしていました。

　少し時代を遡って考えてみますと戸籍に記載されている性別を他
方の性に変更するなどということはほとんど考えられなかったこと
ではないかと思うわけであります。男女の性別は遺伝的に規定され
た生物学的性によって決定されるというのがほぼ共通の理解であっ
たと思います。まさにこの問題は時代の変化のもたらす一つの事象

と言えるかと思います。

　なお，この性同一性障害者の性別の取扱いの特例に関する法律は平成20年に一部改正がありました。改正前の第3条第1項第3号には変更の審判の申立要件の一つとして「現に子がいないこと」という規定がありました。性別の変更が認められますと，男である母，女である父，という状況が生じますから，親子関係の家族秩序に混乱を生じ，子の福祉にも影響を及ぼすおそれがあることなどが懸念されてこういう要件が設けられたものでありました。

　この規定が平成20年の改正で「現に未成年の子がいないこと」というように改正されたわけであります。子が全て成年に達しておれば先ほど申しましたような懸念は比較的小さいと考えられることからこのような改正がなされたものであります。

　この改正によりまして家庭裁判所への審判申立ても増加しています。平成16年は130件であったものが平成20年には440件となっています。

　いずれにしましても性同一性障害と向き合っておられる人々にとりましてはこの法律の成立はそれなりにこれらの人々の期待に応えているのではないかと思います。ただ，この法律に基づく性別の変更は生物学的な性別まで変更するものではないという点には留意する必要があると思います。

　なお，この法律の施行に伴い戸籍法に新たに20条の4が創設されておりますし，戸籍法施行規則の第35条第16号，同第39条第9号にもそれぞれ関係規定が設けられていますことはご案内のとおりであります。

　関係の通達と参考文献をご紹介しておきたいと思います。

★関係通達等

① 平成16年6月23日付け法務省民一第1813号民事局長通達

② 平成16年6月23日付け民事局民事第一課補佐官連絡〔戸籍誌760号61頁〕

③ 平成20年12月12日付け法務省民一第3217号民事局民事第一課長通知

☆参考文献

＊自見武士「性同一性障害者の性別の取扱いの特例に関する法律の概要」戸籍誌761号1頁

＊中村雅人「性同一性障害者の性別の取扱いの特例に関する法律の施行に伴う戸籍事務の取扱いに係る関係通達等の解説」戸籍誌761号19頁

5　新人事訴訟法の成立について

さて次は新人事訴訟法についてであります。平成15年7月に成立し同16年4月1日から施行されておりますことは皆さんご承知のとおりでございます。これはそれまでの人事訴訟手続法を廃止しまして新しく人事訴訟法としてスタートしたものでありますがこの改革も画期的なものであったと言えるかと思います。国民に利用しやすい裁判手続の実現という観点からの司法改革の一つでありました。当然のことでございますがこの法律は戸籍実務とも深く関わる法律でありますことは申し上げるまでもありません。

人事訴訟と申しますのは，夫婦・親子に関する基本的な身分関係の形成又は存否の確認を目的とする訴えに係る訴訟で人事訴訟法第2条に規定されているものであります。離婚の訴え，縁組無効の訴え，認知の訴え，実親子関係存否確認の訴え等がそれであります。

　人事訴訟も民事事件に属するものでありますが民事訴訟法とは別に人事訴訟法という特別な訴訟手続が用意されているわけであります。その理由は，人事訴訟の対象となる事案はいずれも身分関係の基本的秩序に関わる公益性が高いものであり，したがって，真実発見の要請が強く，当事者の任意処分を許さない事項に属するからであります。そこが財産関係とは異なるところであります。そのため，人事訴訟では，いわゆる弁論主義，これは判決の基礎とされる主要事実は，当事者が口頭弁論で陳述したものに限られる，という民事訴訟の一つの原則でありますが，それが制限されており，職権探知主義が採られております。人事訴訟法20条には「人事訴訟においては，裁判所は，当事者が主張しない事実をしん酌し，かつ，職権で証拠調べをすることができる」，と規定しています。また，判決の効力につきましても，通常の民事訴訟のように当事者間限りで生ずるのでは身分関係の安定を害しますので，対世的効力が認められております。人事訴訟法24条には「人事訴訟の確定判決は，民事訴訟法第115条第１項の規定にかかわらず，第三者に対してもその効力を有する」，としています。

　今回の改正はいくつか重要な項目がありましたが特筆されるべきはこれまで地方裁判所の管轄とされていた人事訴訟を家庭裁判所に移し，家事事件の紛争処理を家庭裁判所に一本化することとした点であろうと思います。

　改正前の旧人事訴訟手続法では人事訴訟事件についてはいわゆる調停前置主義が採られておりますから（家審法17条・18条参照）まず家庭裁判所に調停の申立てを行います。そこで調停が不成立に終わった場合，さらに訴訟で解決しようとしますと地方裁判所に訴え

を提起しなければならなかったのであります。つまり，一つの家事事件の手続が家庭裁判所と地方裁判所に分断され，両手続間の連携も図られていなかったのであります。

　これが新人事訴訟法になりましてやはり調停前置主義は維持されておりますからまず家庭裁判所に調停の申立てをしますがそこで不成立に終わった場合，訴訟で解決しようとしますと今度は家庭裁判所に訴えを提起すればよいことになったわけであります。当事者にとっては手続の分断は解消されたわけであります。それ自体一つのメリットであることは間違いないと言えましょう。

　さて，戸籍事務と直接的に関連する問題を簡単にまとめておきたいと思います。

　まず人事訴訟法では，訴訟上の和解又は請求の認諾（被告が原告の請求が理由があることを認める陳述）による離婚・離縁が認められました。

　人事訴訟手続では先ほども申しましたような事案の性質上，請求の放棄，認諾及び訴訟上の和解をすることができないのが原則であります（人訴法19条2項参照）。

　しかし，今回の改正により離婚・離縁については例外を認める規定が設けられたものであります（同法37条，44条参照）。

　これによりまして新たに和解離婚（離縁），認諾離婚（離縁）が戸籍の報告的届出の対象となり，届出に際しましてはそれぞれ和解調書，認諾調書の謄本を添付する必要があることとされたわけであります。

　念のために敷衍しておきますとこれまでは裁判上の和解により離婚や離縁の効力が発生しないため，いくら合意ができておりまして

も別途協議離婚（離縁）の届出が必要とされていました。戸籍実務
も当初は訴訟上の和解で離婚した場合は「調停離婚」として受理し
ていましたが（昭和25・5・29民甲第1494号），その後，離婚の訴
えにおいて和解が成立しても，協議離婚の合意が成立したものと解
するほかないとして，裁判上の離婚として扱うことはできない，し
たがって，和解調書の謄本を添付した離婚届は受理しないのが相当
であるとしました（昭和35・12・28民甲第3364号）。

　今回の改正でこの問題は人事訴訟法の中に正式に認める規定が置
かれたということであります。この措置は民法では離婚・離縁につ
いては，当事者間の協議による合意による処分が認められているわ
けでありますから訴訟上もそのような処分権の行使を認めても問題
はないのではないかということで認められたわけでありまして適切
な措置であったと思われます。

　次に，人事訴訟事件の戸籍通知に関する問題であります。新人事
訴訟法の制定に伴い人事訴訟規則（最高裁判所規則第24号）が制定
されました。この規則第17条に「戸籍の届出又は訂正を必要とする
事項について人事訴訟の判決が確定したときは，裁判所書記官は，
遅滞なく，当該人事訴訟に係る身分関係の当事者の本籍地の戸籍事
務を管掌する者に対し，その旨を通知しなければならない。」とさ
れております。また，この規定が規則第31条及び第35条において，
離婚・離縁の訴えに係る訴訟における和解又は請求の認諾が調書に
記載された場合に準用されております。

　この通知は，通知に係る戸籍の届出及び戸籍の記載が履践される
ことを担保するための重要な情報提供でもあります。市町村長は場
合により届出義務者等からの届出がない場合にこれらの者に催告し

たり，催告しても届出等がないときは，戸籍法24条2項に基づき職権で記載することを要することとなる場合もあることに留意する必要があると思います。

　なお，人事訴訟事件の件数でありますが平成21年の数字では全体で10,817件となっています。新人事訴訟法の成立に伴い人事訴訟事件の第一審が家庭裁判所に移管されました平成16年以降の新受件数は平成16年を除き大体1万件から1万1千件前後で推移しています（家裁月報63巻1号34頁参照）。離婚が90％近くと圧倒的な割合を示しています。

　関係通達をご紹介しておきたいと思います。

　★関係通達

　　平成16年4月1日付け法務省民一第769号民事局長通達

6　嫡出でない子の戸籍における父母との続柄欄の記載について

　次は嫡出でない子の戸籍における父母との続柄欄の記載に関し平成16年11月1日付け法務省民一第3008号民事局長通達として発出されました問題であります。

　戸籍の続柄欄への記載につきましては従前は嫡出子と嫡出でない子について区別がありました。ご説明するまでもないことでありますが，嫡出子につきましては，父母を同じくする子のみについて同一の戸籍内にあると否とを問わず，出生の順序に従い，長男（長女），二男（二女）というように記載する扱いが示されております（昭和22・10・14民甲第1263号民事局長通達）。

　他方，嫡出でない子につきましては，男女の別によって，単に「男」「女」とのみ記載される扱いでありました。この扱いが変更されたわけであります。

　この改革も嫡出でない子の戸籍上の扱いについて大変大きな意義を有するものであると言えるかと思います。プライバシー保護を重視した措置ではありますがその意味はそれを超えるものがあると評価できると思います。

　本件通達の骨子は三つの部分からなっていると思います。簡単にご紹介したいと思います。

　第一は，まず嫡出でない子の出生の届出がされた場合の取扱いであります。この場合には，子の父母との続柄は，父の認知の有無にかかわらず，母との関係のみにより認定し，母が分娩した嫡出でない子の出生の順により，届書及び戸籍の父母との続柄欄に「長男（長女）」，「二男（二女）」等と記載するものとするとされております。

　第二は，既に戸籍に記載されている嫡出でない子の父母との続柄の取扱いであります。この場合には，その父母との続柄である「男（女）」の記載を「長男（長女）」等の記載に更正する申出があった場合は，市町村長限りで更正するものとするとされております。

　ただし，申出の対象となる戸籍は，申出のあった事件本人の戸籍のみであり，事件本人が従前に在籍した戸（除）籍は対象としないものとする，とされております。

　第三は，申出による戸籍の再製についてであります。父母との続柄欄の記載が更正された場合において，申出人から当該更正に係る事項の記載のない戸籍の再製の申出があったときは，滅失のおそれがある戸籍の再製手続（戸規9条）に準じて再製することができるものとするとされております。

　この内容からもわかりますように非常に木目細かい措置が採られ

ておりまして本件通達後に届け出がなされた子と既に戸籍に記載されている子が結果的には戸籍上同じ扱いになるように配慮されているわけであります。

行政上の措置としてなされたものでありますがこの公示方法の改善の意義は非常に大きいものがあると思います。

なお，この措置につきましては平成22年2月24日付け法務省民一第730号民事局民事第一課長通知「嫡出でない子の戸籍における父母との続柄の記載の更正及び訂正並びに申出による戸籍の再製について」が出ております。この通知は平成16年の第3008号基本通達を補完・確認するものとして大変重要な内容となっておりますからご留意いただきたいと思います。これについて若干敷衍しておきたいと思います。

「続柄更正の申出の対象となる戸籍」は，基本通達によりますと「申出のあった事件本人の現在戸籍のみであり，事件本人が従前在籍していた戸（除）籍は対象としないものとする」とされています。これは，公示機能の多くを担う現在戸籍を更正することで通達の趣旨が活かされるという考え方に基づいているものと言えましょう。

この対象戸籍に関する部分自体は別に難しい話ではありませんで，いろんなパターンがあるかと思いますが最もティピカルな例で申しますと，例えば，①嫡出でない子の現在戸籍の続柄欄は「女」と記載されているとしますね。②この女性が夫の氏を称する婚姻をしまして夫を筆頭者とする新しい戸籍に入籍したとします。③この婚姻により現在戸籍からは除籍されますね。

仮にこの段階で続柄更正の申出をしようとしますとその対象となる戸籍は現在の婚姻により編製された戸籍ですね。そこでの父母と

の続柄欄が更正されます。しかし，この女性の婚姻前の戸籍は「事件本人が従前在籍していた戸籍」ですから更正申出の対象にはなりませんよ，ということですね。ここまでは疑問はないと思います。

　ところがこの女性が仮に離婚したとします。続柄更正しないままに離婚する場合ももちろんあり得ますね。そして，離婚により復氏復籍するわけでありますがその際新戸籍編製の申出をしないで「婚姻前の戸籍」に復籍したとしますね。そうしますと，復籍した戸籍には婚姻の際の除籍した記載がありますね。除籍された者としての記載です。しかし，除籍された者としての記載と言っても名欄に朱線が交叉してあるだけですから記載事項はもちろん読み取ることは可能です。そして，昨年の第一課長さんの通知はこの「除籍された者としての記載中の父母との続柄欄の記載」も「更正申出の対象とすることができる」ということを明らかにされているわけです。

　皆さんはそんなことは当然ではないかとお考えかも知れません。しかし，担当職員の皆さんにしてみれば「事件本人が従前在籍していた戸籍は対象とはしない」とされていますから「除籍された者としての記載部分」は，「事件本人が従前在籍していた戸籍」に当たるのではないかという疑問を持たれてもあながちおかしくはないとも言えるわけであります。形式的にはあてはまりそうですからね。

　そして，実はこの問題に限りませんが職員の皆さんがそういう疑問なり問題意識をもたれることはとても意味のあることなんですね。通達や先例を漫然と読んでいるだけではこういう疑問は浮かびません。ですからそういう姿勢は大事にしてあげていただきたいと思うわけであります。なぜなのか？　なぜそうなるのか？　という姿勢はスキルアップの基本であろうと思います。

ではそういう疑問に遭遇したとき問題を説く鍵は何か，と言いますと本件の問題で言えば本件通達の出された趣旨を読み取ることであろうと思います。よく「物事に迷ったら最初に戻りましょう」と言われますがまさに通達の趣旨・背景を考えることであろうと思います。そうしますと，「除籍された者としての記載部分と現在事項が併存する戸籍」にあっては両者を更正の対象にするのがその趣旨に合致するという結論を得ることができると思うわけであります。

　なお，この問題に関連しましては戸籍誌の841号65頁以下に民事局の係官が詳しくコメントされていますからぜひ参考にしていただきたいと思います。

　最後にわが国における嫡出でない子の出生数でありますが近年微増傾向にあり，大体年間2万3千人程度と言われております。全出生数に占める割合は2％を少し超える程度であろうと思います。

　外国での嫡出でない子の占める割合は，平成16年の統計でありますが，スウェーデンは56％，デンマークは44％，イギリスは43％，アメリカは33％，ドイツは26％となっています。

7　法の適用に関する通則法について

　次はわが国の国際私法の基本法であります「法例」（明治31年法律第10号）を全部改正する「法の適用に関する通則法」が平成18年6月に成立した問題であります。

　もっとも，渉外的戸籍事務と関係する婚姻及び親子に関する部分の準拠法等につきましてはご案内のとおり平成元年に大きな改正がございました。したがって，平成18年の改正に際しましては「法例」中の財産法分野の準拠法決定のルールの実質的改正が行われ，婚姻及び親子に関する部分等の準拠法等につきましては平成元年の

改正内容がそのまま維持された形になっております。ただ，若干の語句修正とともに現代語化の上関係条文がシフトしております。

　いずれにしましても平成元年の改正と併せましてわが国における準拠法決定ルールについての国際的な調和が図られ，その内容においても明確かつ妥当なものになったという意味で大変大きな改革であったと言えるかと思います。

　平成元年の改正は渉外戸籍事務の処理に大変大きく影響するものでありました。これに関連しまして重要な通達も出されております。平成元年10月２日付け民二第3900号民事局長通達がそれでありました。

　平成元年の法例改正について少しだけその背景と内容の一部について簡単にお話しておきたいと思います。

　この時の改正は，婚姻及び親子に関する準拠法等の改正を目的とするものでありました。改正の目的については「近時の諸外国における国際私法，国籍法等の改正の動向及び最近の我が国における渉外婚姻をはじめとする渉外的身分関係事件の増加にかんがみ，婚姻関係及び親子関係における準拠法の指定をより適切なものとする」ことを目的とするものとされておりました。

　具体的には，男女両性の平等を抵触法規の分野まで及ぼすこと，準拠法の指定の国際的統一を図ること，準拠法の指定方法を平易にするとともに身分関係の成立を容易にすること等を目的とするものでありました。そして，改正に際しましては婚姻及び親子に関する分野は，戸籍に関わりをもつため，その点に対する配慮も念頭に置かれていました。

　改正内容について改めてお話する必要もないかと思いますが，ご

参考までに，二,三，簡単に例示しておきたいと思います。

　例えば，婚姻の方式につきましては，改正前は婚姻挙行地の方式に適合する場合のみ有効とされていましたが，改正により当事者の一方の本国法に適合する方式も有効とされました（法の適用に関する通則法24条参照）。これにより成立の幅が拡がり，容易になったと言えるわけであります。もっとも，当事者の一方が日本人である場合で，日本で婚姻する場合には日本法の方式によらなければならないということになっています。身分関係の変動を戸籍に可及的速やかに反映させるためであろうと思います。

　また，婚姻の効力につきましても改正前は婚姻の効力は「夫の本国法に依る」とされていましたが両性平等の観点からこれを改め第一順位は「夫婦の共通本国法」，第二順位は「共通常居所地法」，第三順位は「密接関連法」とする段階的連結による準拠法の定め方になっております。夫婦に共通の要素を取り出してこれによって準拠法を段階的に決定しようとする方法であります（同法25条参照）。この規定は離婚の場合にも準用されております（同法27条参照）。

　嫡出親子関係の成立につきましても，改正前は「母の夫の本国法」によるとしていましたが，改正法は「夫婦の一方の本国法」つまり，子の側からしますと，父又は母の本国法により嫡出子であるときは，嫡出子とする，ということになっております。両性平等の観点と子の保護の観点からの改正でありました。

　いずれにしましても大きな改革でありました。ただ現実に改正法の内容を具体的な事件に当てはめて運用する場合には法の規定の趣旨の解釈運用に困難を伴う問題点も多いことから先ほど申しました通達により極めて詳細な指針が示されているわけであります。

　その理解のために必要な通達と参考文献をご紹介しておきたいと思います。

★関係通達

　平成元年10月２日付け法務省民二第3900号民事局長通達

☆参考文献

　＊南敏文ほか「法例の一部を改正する法律の施行に伴う戸籍事務の取扱いについて（基本通達）の解説」戸籍誌555号１頁〈上〉・同556号１頁〈下〉

　さて，次に渉外的身分関係に関連する背景的事情について少し統計的なものをご紹介しておきたいと思います。

　まず平成21年末現在の外国人登録者数でありますが総数が2,186,121人で我が国総人口に占める割合は1.7％とされております。中国と韓国・朝鮮で全体の57％程度を占めているようでありますが国籍の数からいきますと189とされています。世界の国の数はカウントの仕方によって異なるのかも知れませんが日本が承認している国は192だそうでありますから日本を加えても193であります。そのうちの189でありますから100％近いと言ってもいいくらいであります。そして，外国人登録者は32の府県に及んでいるとされております。

　次に平成21年における外国人入国者数と日本人出国者数であります。外国人入国者数は約758万人，日本人出国者数は約1,545万人とされています。なお，最近の報道によりますと平成22年の外国人入国者数は944万人と増加しているようです。また，海外に長期滞在している日本人は113万人とも言われております。

　それから渉外的家事事件の申立件数ですが平成20年で7,231件と

されておりますが平成11年の統計では5,370件でしたからこれも増加の傾向にあります。

　渉外的婚姻事件数の推移を見ましても平成18年度の統計によりますと10年前の平成７年の統計と比較してみますと夫日本人・妻外国人，妻日本人・夫外国人のいずれの場合も増加しております。特に顕著な傾向はアジア諸国からきた女性と日本人男性の婚姻が非常に多くなっているということであります。韓国・朝鮮，中国，フィリピンがご三家というところであります。全体の件数もここのところ大体４万件前後の数字となっています。

　こうした数字を見ましても我が国の国際化・人的交流の活発化の状況がうかがわれるわけでありましてそのことはひいて日本人の関係する渉外的身分関係事件がさらに増加する蓋然性が極めて高い背景があるということが言えるかと思うわけであります。

　その意味でこれからの皆さんのところでの渉外的戸籍事件処理の比重はますます高くなっていくことが予想されます。いわずもがなのことでありますが渉外的戸籍事件処理の基本的なポイントとしていくつか挙げておきたいと思います。

　まず第一は事件の性質とその事件処理つまり審査の論理的プロセスをしっかり把握することであります。第二は当該事件処理のために必要な準拠法等の内容把握についての管轄局との不断の連携を保つということであります。第三は渉外的戸籍事件の先例情報の収集・蓄積とその分析を心がけることであります。戸籍誌にはいろいろな渉外的戸籍事件についての民事局係官の丁寧なコメントが掲載されております。これらも大変貴重な資料の一つでありますから是非活用されることが期待されます。そして最後はこれはむしろ最初

に挙げるべきかも知れませんが法の適用に関する通則法の関係法文と関係通達等への研鑽を怠らないことであります。一層の研鑽を期待したいと思います。

8　いわゆる「300日問題」について

　次はいわゆる「300日問題」として社会的にも大きな関心と論議を呼んだ問題であります。この問題について平成19年5月7日付け法務省民一第1007号民事局長通達が発出されました。「婚姻の解消又は取消し後300日以内に生まれた子の出生の届出の取扱いについて」と題するものでありました。内容につきましては既によくご承知かと思いますが重要な問題でありますから少しこの問題の位置づけなども視野に入れて従来の経緯を簡単に見ていきたいと思います。

　この問題が民法772条の解釈に関連する出生届の扱いに関する問題であることはご承知のとおりでございます。

　民法772条は、「①妻が婚姻中に懐胎した子は，夫の子と推定する。②婚姻の成立の日から200日を経過した後又は婚姻の解消若しくは取消しの日から300日以内に生まれた子は，婚姻中に懐胎したものと推定する。」と規定しています。

　この規定は出生届を処理する場合，その条文の意義・趣旨，そして，できれば関連する重要な裁判例，戸籍先例程度は理解把握しておかないと審査が円滑に進まない類いのキーとなる規定であります。

　他方，民法という実体法上の理論の問題と手続法としての戸籍法の論理が交錯し，とりわけ戸籍法上の処理が基本的には形式的審査という形でなされるという問題もからんで問題をより複雑にしている面もあることは事実でございます。つまり，民法の解釈によって得られた結論がそのまま手続法である戸籍法上の処理に当然に反映

されるという構造にはなっていないということであります。このことは出生届の処理に際して民法と戸籍法という両面にしっかり目配りしなければならないことを示すものであります。

ところで，この民法772条のいわゆる嫡出推定制度は皆さんご承知のとおり子の福祉のために，法律上の父子関係を早期に確定し，その子の身分関係を安定させることが必要なことから，女性の懐胎期間を考慮して，婚姻期間と出生時期の関係から子の父を推定するものであります。

その上で，このような推定が及んでいる子につきましては，父であることを否定する方法を嫡出否認の訴え（民774条～777条参照），これは夫が子の出生を知った時から１年以内に提起する裁判でありますが，その方法に限定し，この方法によって父子関係が否定されない限り，血縁関係の存否にかかわらず，法律上は「父子関係」があるものとして扱うこととしているわけであります。極めて強い推定であります。

そこで772条は例えば婚姻解消のもっともティピカルなケースであります離婚の場合ですと，離婚の日から300日以内に出生した子は前夫との関係においてこの嫡出の推定規定が働くという構造になっているわけであります。そのことは，その子について出生届をするには届書に父親は前夫として記載して母親から嫡出子出生届（戸52条１項）をしなければならないということを意味しているわけであります。これは基本のルールであります。そしてこのルールは本件通達後も変わるものではありません。

しかし，他方，772条にもいろいろ問題点があることは従来から指摘され議論もされてきました。現在も議論は続いているわけであ

　ります。例えば夫が長期服役中に妻が懐胎出産したというような場合，あるいは，夫婦が事実上別居し相当の期間が経過している段階で妻が懐胎出産したというような場合を考えてみますとこのような場合に772条をそのまま適用することはおかしいのではないか，つまり，こういう場合は772条の推定規定が及ばないと解すべきではないかということで「推定の及ばない嫡出子」という概念が承認されたわけであります。もちろん嫡出推定の排除される場合をどのように考えるかについては今も議論が盛んではありますが先ほど申しましたような事例については推定が及ばないとすることに異論はありません（最高裁昭和44・5・29民集23・6・1064頁等）。

　このように推定が及ばない子につきましては前夫の子ではないという扱いをすることができるというのが民法解釈の理論として承認されているわけであります。しかし，戸籍法の立場からはこのようなケースつまり妻が夫の子を懐胎する可能性がないことが明らかであるなどの事情が存在するかどうかという個別の事情について窓口で審査認定することは不可能ではないにしても極めて困難であります。迅速な処理は不可能であります。

　そこでこのような場合には裁判手続により，嫡出推定が及ばない事情の存在の認定を含む審判や判決を受け，その裁判書の謄本及び確定証明書を窓口に提出してもらって処理するという扱いになっているわけであります。

　それではその場合どのような裁判手続が採られるのかと申しますとまず家庭裁判所において①前夫を相手方として，その前夫との間の親子関係不存在を確認することを求める親子関係不存在確認の調停手続，又は，②子の血縁上の父を相手方として，子を認知するこ

とを求める認知の調停手続をとることができます。調停手続で，当事者が合意し，裁判所が事実関係を調査した上でその内容を正当と認めれば，合意の内容に沿った審判がされます。つまり，調停手続の中で嫡出推定が及ばない事情があることを明らかにして審判を受ければ，前夫の子ではないという扱いをすることができるわけであります。調停手続で当事者が合意できない場合等には，調停は不成立となりますが，裁判所に別途親子関係不存在確認の訴え，又は認知の訴えを提起することができます。そこで嫡出推定が及ばない事情があることを明らかにして判決を受ければ，やはり前夫の子でない扱いをすることができるわけであります。戸籍実務もそのように対応しているわけであります。

　このように見てきますといわゆる「300日問題」は既知の問題であり，一定の対応がなされてきた問題であるとも言えるわけであります。それにもかかわらず平成19年5月の通達による一つの対応策が採られることになりましたのは推定が及ばないと考えられる事由の存在するケースの中には先ほど申しましたような調停・裁判手続等を求めることが不当に当事者に負担を強いることになり相当ではないと考えられる場合があるのではないかという問題提起等がなされていたこともあり，こうした当事者の負担を軽減することと，他方，医師の証明書によって婚姻解消後300日以内の出生であっても婚姻解消後の懐胎であることが明らかにされれば戸籍窓口において定型的にその事実を確認することが可能であり，このような場合を「推定の及ばない子」として運用しても民法の嫡出推定制度の趣旨には反しないと考えられたからであろうと思います。

　かくして本件通達は，婚姻の解消又は取消し後の懐胎であること

を証明することができる事案については，従来の運用を見直して，民法第772条の推定が及ばないものとして，婚姻の解消又は取消し時の夫を父としない出生の届出（嫡出でない子又は後婚の夫を父とする嫡出子としての出生の届出）を受理する運用を行うことを認めたわけであります。

　この問題はより根本的には例えば東大の大村敦志教授が指摘されるように「あるべき親子関係が損なわれているのか否か」（「『300日問題』とは何か」ジュリスト1342号２頁以下参照）の点にあり，より「複合的，重層的な問題であり，家族法全体を視野に収め，現代日本における様々な親子観・カップル観を考慮に入れ，そして，家族に関する法の役割を見通した上で，あるべきルールが模索される必要がある」問題でありましょう。

　中長期的にはそのとおりでありますが行政の現場では日々届け出られる出生届の処理に関わる切実な問題だけに本件通達が問題の所在を分析した上で現行法の嫡出推定制度の基本的枠組みを維持する前提の下でその枠組みの中で運用の見直しを行った措置は限定された範囲ではあるにしてもそれなりに大きな意義を有するものと言えるかと思います。

　蛇足になりますがこの通達の実施に当たっては，必要に応じ民法772条について説明を行うことを含め，相談者への適切な対応や住民への周知，円滑な運用に留意することが肝要であることが通達に示されておりますので単に通達の示す結論だけに止どまらず民法と戸籍法の両面からしっかりと対応できるようにしておく必要があると思います。

　念のために関係通達と参考文献をご紹介しておきたいと思います。

★関係通達等

①　平成19年５月７日付け法務省民一第1007号民事局長通達

②　平成19年５月７日付け法務省民一第1008号民事局民事第一
課長依命通知

☆参考文献

＊西江昭博「婚姻の解消又は取消し後300日以内に生まれた子
の出生の届出の取扱いに関する通達等の解説」戸籍誌801号
31頁

9　戸籍法の一部を改正する法律について

次は戸籍法の一部を改正する法律についてであります。平成19年
４月に成立し平成20年５月から施行されておりますことは皆さんご
承知のとおりでございます。この改正は最近の戸籍法改正の中では
もっとも大きな意味を有するものであったと思います。

改正の柱は二つありました。一つは，戸籍の公開制度についての
改正でありました。公開制度につきましては今から35年前の昭和51
年に改正があり，一部の見直しがなされました。しかし，その後相
当の期間が経過し，自己の情報をみだりに他人に知られたくないと
いう国民の意識の高まり，他人の戸籍情報に対する不当不正なアク
セス事件の増加，という戸籍情報に固有の問題とともに，個人情報
保護関係の整備も整い個人情報保護の必要性と要請が一層強いもの
となっていました。

今一つの，戸籍記載の真実性の担保をめぐる問題につきましても，
かつては考えられなかったような動機に基づく虚偽の縁組，婚姻届
等が頻発し，戸籍の記載に対する信頼性に大きな影響を与えてもお
りました。

　こうした背景のもとに平成19年の改正が行われたわけであります
が，改正法の内容はかなり詳細にわたりいずれも高度の内容となっ
ているように思います。

　改正の内容につきましては改めてお話するまでもないと思います
がここでは公開制度に関する部分について若干感想的なことを申し
上げておきたいと思います。

　まず第一は，新しい公開に関する規定は全体的にそれまでの規定
に比較しますと格段に詳細となっています。とりわけ第10条の2の
第三者による戸籍謄本等の交付請求に関する部分は極めてハイレベ
ルな内容となっております。この部分についての請求に対して審査
を的確にこなすには改正法の趣旨と関連通達等の内容をしっかり理
解しておきませんと不可能であろうと思います。

　例えば，申請書の記載内容が審査になじむ内容となっているかど
うかがまず問題となりますがその判断は法令・通達の趣旨の理解抜
きには不可能であろうと思います。ここは特に請求理由の適法性の
判断に直接的に関わるところであります。しかも，ここでの対応は
後の不交付決定とか審査請求の問題にも連動することになります。
事例の蓄積とその対応の当否の不断の検証が不可欠ではないかと思
います。

　第二は，今回の改正の背景的事情の一つに戸籍情報への不当不正
なアクセス事件の頻発という状況がありました。こうした背景的事
情は法が改正されたからといって簡単になくなるわけのものではな
いという認識をもつことが必要であろうと思います。他人の戸籍情
報取得の欲求は法令の内容がどのようなものになろうと増えこそす
れ減少することはないというのが現今の社会情勢であろうと思いま

す。

　昨年暮れに観賞ないしは記念のための品として作成された家系図が行政書士法にいう「事実証明に関する書類」には当たらない，という最高裁の判決がありました。この事件の被告は手数料を払って行政書士から「職務上請求書」を複数回にわたり取得してこれを用いて請求していたようであります。これは改正前の事案ではありますがこうした需要がある限りこの種の事案は簡単にはなくなるものではないと思うわけであります。

　第三は，これは私の情報収集能力が不十分なせいかも知れませんがやや意外に感じておりますのは改正後の戸籍謄本等の交付請求についての市町村長の処分，具体的には不交付処分についての処分取消しの訴訟についての情報をほとんど関知しないということであります。今回の改正が審議会等で議論されている段階では改正法が施行されれば戸籍謄本等の交付請求をめぐる紛争が増加すると予測されていたように記憶しております。改正法の規定の運用にはそのようなリスクがあることが予見されていたのであろうと思います。運用が正当に行われている結果であれば大変喜ばしいことであります。いずれにしましても審査請求の実態，内容等の情報共有とともに請求内容の実態が何らかの形で明らかにされることが有益であろうと思います。

　第四は，これは大変細かい話で恐縮ですが改正法の施行に際して交付請求書の様式について標準様式が示されております（平成20・4・7法務省民一第1001号民事局民事第一課長依命通知1参照）。この様式はそれ自体が改正法の内容をPRする大変よく考えられたものであると思います。ところがこの様式に沿ったものでないいわ

ば改正前に使用されていたと思われる様式のものが用意されている
ところがかなりあるようであります。できるだけ標準様式に沿った
ものが活用されることが望ましいと思います。

　ここでも関係通達等と有益な参考文献をご紹介しておきたいと思
います。

　★関係通達等

　①　平成20年4月7日付け法務省民一第1000号民事局長通達

　②　平成20年4月7日付け法務省民一第1001号民事局民事第一
　　課長依命通知

　③　平成22年5月6日付け法務省民一第1080号民事局長通達

　④　平成22年5月6日付け法務省民一第1081号民事局民事第一
　　課長依命通知

　☆参考文献

　＊小出邦夫ほか「『戸籍法の一部を改正する法律』の成立に至
　　る経緯と概要」戸籍誌801号1頁

　＊相馬博之・堤秀昭「戸籍法及び戸籍法施行規則の一部改正に
　　伴う戸籍事務の取扱いに関する通達の解説」戸籍誌815号1
　　頁

　＊古谷伸彦「戸籍法をめぐる最近の動きについて」戸籍誌838
　　号1頁

　＊林史高・前野政彦「平成22年改正省令の施行後における戸籍
　　事務の取扱いについて」戸籍誌844号1頁

10　国籍法の一部を改正する法律について

　最後は国籍法の一部を改正する法律についてであります。平成20
年12月国籍法の一部を改正する法律が成立し平成21年1月1日から

施行されております。国籍法は日本国民たる要件を定める法律であります。この法律の中の第3条第1項の届出による日本国籍取得に関する規定が改正の対象となったものでありました。つまり，改正前の規定では「父母の婚姻及びその認知により嫡出子たる身分を取得した子で20歳未満のものは，一定の要件を満たすときは法務大臣に届け出ることによって，日本の国籍を取得することができる」となっておりました。これが今回の改正により「父又は母が認知した子で20歳未満のものは，一定の要件を満たすときは法務大臣に届け出ることによって，日本の国籍を取得することができる」と改められたものであります。

　この改正の対象となりました法文は実は昭和59年の国籍法改正の際に新たに設けられた規定でありました。したがって，この問題を理解するためにはこの改正の経緯をお話しておくほうがいいかと思いますので簡単に触れておきたいと思います。

　昭和59年の国籍法改正は大きな改革でありました。この時の改正の背景としては三つの項目を挙げることができるかと思います。

　一つは，昭和55年に我が国が署名しましたいわゆる「女子差別撤廃条約」におきまして「締約国は，子の国籍に関し，女子に対し男子と平等の権利を与える」とされていましたので，この条約の批准に備えるため，つまり，この条約の規定と相容れない国内法の規定がありますとこれを条約の規定の趣旨に即したものに改めませんと批准ができないために当時の国籍法の採っていました父系血統主義を見直す必要が生じていたということ，

　二つは，昭和25年に国籍法が制定されました後，国際的な人的交流の活発化により，日本国民の子でありながら日本国籍を有しない

ものの数が増加していたこと，

　三つは，西欧諸国が続々と父系血統主義から父母両系主義に移行していたこと，

であります。こうした国際情勢，社会情勢の変化に対応するために国籍法を見直す必要が生じ，父母両系血統主義の採用等の改正がなされたものでありました。

　そして今回の改正で問題となりました第3条の規定はこの時に設けられた規定でありました。

　それではなぜ改正前第3条が準正嫡出子についてのみ届出による日本国籍取得を認めたのかであります。当時の立法担当官の説かれるところによりますと二つの理由が挙げられております。

　一つは，昭和59年改正法が従前の父系血統主義を改め父母両系血統主義を採用したことに伴い，出生時に日本国民の嫡出である子が出生により当然に日本国民となる（国籍法2条1号）こととの均衡を図ること，であります。

　つまり，この規定（第3条）の対象となりますのは実際上は，出生時に日本国民父の婚姻外の子であったものに限られると言ってよいかと思います。そして，父母両系血統主義によりますと，日本国民母の子は，父が外国人であっても，子の嫡出又は嫡出でないを問わず，出生により日本国籍を取得します（法的母子関係は分娩の事実のみで成立しますから）。

　ところが，日本国民父の子は，母が外国人であれば，出生時に法的父子関係が確定している場合，つまり，子が嫡出子である場合又は父から胎児認知されている場合，でなければ，出生により日本国籍を取得しないことになります。

このことは，日本国民父の子に着目しますと，父母の婚姻が子の出生の前であるか後であるかによって，子の国籍に大きな差異を生じることを意味しますから，そこは制度上の均衡を考慮する必要がある，ということでありました。

　今一つは，日本国民の準正子は，父母の婚姻によって嫡出子たる地位を取得したことにより，日本国民の正常な家族関係に包摂され，これにより我が国との真実の結合関係があることが明らかとなったものでありますから，日本国籍を付与することは，実質上も妥当であること，

　というものでありました。要するに血統主義を基調にしつつ我が国との密接な結びつきの指標として一定の要件を満たした場合に限り認めることとしたものであると言えましょう。これは極めて合理的な論拠に基づく妥当な規定であると思われます。

　ところがこのように準正子と単に認知されたにとどまる子とをそのように区別するのはおかしいのではないかという批判が一部にありました。

　そして関連する訴訟が提起されました。法律上の婚姻関係にない日本国民である父とフィリピン共和国籍を有する母との間に出生した者の親権者である母が，平成15年2月，準正の要件を満たさないにもかかわらず法務大臣あてに子の日本国籍取得届を提出しました。当然のことでありますがこれは国籍取得の要件を備えていないものとして認められない旨の通知を受けました。そこで，当該子は，改正前国籍法第3条1項の規定が憲法第14条第1項（法の下の平等）に違反するなどと主張して，国籍取得届をしたことにより日本国籍を有する旨の確認を求める訴えを提起しました。ほかにも同様の訴

えが提起されてもいました。

　この訴えに対し最高裁大法廷は，改正前国籍法３条１項の規定が日本国籍の取得につき区別を生じさせていることを違憲とした上で原告の請求を認容すべきものとしたのであります（最高裁大法廷平成20・6・4判決・判例時報2002号3頁。補足意見，反対意見あり）。

　憲法適合性に関する判示についての多数意見を要約しますと，要するに改正前国籍法第３条１項は立法当時（昭和59年）においては区別を生じさせた立法目的自体には，合理的な根拠があるとした上で，その後の我が国における家族生活や親子関係に関する意識の変化やその実態の多様化等を考慮すれば，日本国民である父と日本国民でない母との間に出生した後に認知された子について，父母の婚姻をもって初めて日本国籍を与えるに足りるだけの我が国との密接な結び付きが認められるとすることは，今日では必ずしも家族生活等の実態に適合しない。諸外国においても，嫡出でない子に対する法的な差別的取扱いを解消する方向にあり，認知等により自国民との父子関係の成立が認められるだけで自国籍の取得を認める旨の法改正が行われているとし，このような国内的，国際的な社会環境等の変化に照らせば，準正要件についての昭和59年の立法目的との間に合理的関連性を見いだすことはもはや難しくなっている，という判断を示したわけであります。つまり，この規定は遅くとも平成15年当時には，合理的な理由のない差別として憲法第14条第１項に違反するものであったとしています。

　かくして，認知されたに留まる子は，改正前国籍法第３条１項所定の要件のうち，父母の婚姻により嫡出子たる身分を取得したという上記区別を生じさせている部分を除いた要件が満たされるときは，

同項に基づいて日本国籍を取得することが認められるものと解すべきであり，上告人は，法務大臣あての国籍取得届を提出したことによって，日本国籍を取得したものと解するのが相当である，としたわけであります。

　私自身はこの最高裁判決の多数意見にはその結論は別としても違憲とした論理には極めて懐疑的な感想をもっておりますがそれはともかくして最高裁がこのような判断を示した以上は憲法違反の条項をそのままにしておくことは問題でありますからこの判決の趣旨に即した改正がなされたわけであります。子の保護と言いますか子の地位の向上という面からは大きな意義を有する改正であったことは間違いないことであります。

　改正に際してもっとも危惧されましたのは日本国籍取得を目的とした偽装認知，虚偽の認知が増加するのではないかという点でありました。しかし，これについては国籍法なり国籍法施行規則等でその防止のために相応の措置も採られているところであります。

　改正後の運用の実態を見てみますと平成21年1月1日から同22年11月30日までの受付件数は2,250件，国籍取得証明書の発行者数は1,961件とされております。このうち父母が婚姻していない子の数は1,173件とされておりますから改正の効果は顕著に出ていると言えるかと思います。

　関係通達と参考文献をご紹介しておきたいと思います。

　★関係通達

　　平成20年12月18日付け法務省民一第3302号民事局長通達

　☆参考文献

　　①　澤村智子「国籍法の一部を改正する法律の解説」戸籍誌

　825号1頁

②　澤村智子・山門由美「国籍法施行規則の一部を改正する省令の解説」戸籍誌826号1頁

③　堤秀昭「国籍法及び国籍法施行規則の一部改正に伴う戸籍事務の取扱いに関する通達の解説」戸籍誌826号12頁

③　終わりに

　ほぼ過去10年の間に行われました戸籍制度及びこれと直接間接関連する法律なり行政上の改革改善措置を中心に主要なものをピックアップして文字通り素描してまいりました。

　これらはおそらく多くの皆さんが着任される前のものであったかと思います。大変雑駁な内容でおわかりにくかったかと思いますが少しでも参考になれば幸いでございます。

　戸籍制度の運用をめぐってはこれからもいろいろな問題が出てくると思います。課題は尽きないと思いますが制度運用の主体としてその責任もますます重いものになっていくと思います。とりわけ主管課長の皆さんにとりましては担当職員の事務処理能力のアップに向けての指導監督が中心的なお仕事になるのではないかと思います。ますますのご活躍とご健勝を祈念して私の拙いお話を閉じたいと思います。

　長時間にわたりご静聴いただきましたことを心から感謝いたします。

戸籍誌855号（平成23年4月）所収

13 戸籍実務に関わる若干の問題について
─最近の裁判例を素材として─

本稿は，平成23年8月31日に開催された沖縄県連合戸籍住民基本台帳事務協議会研修会での講演に加筆修正したものです。

1 はじめに

　皆さんこんにちは。ご紹介をいただきました澤田でございます。久しぶりに沖縄を訪れる機会をいただき大変嬉しく存じております。

　こちらにお邪魔するのはもう7回目くらいになるかと思います。最初は沖縄が復帰する直前の昭和47年の4月に公務で参りました。その頃はまだ法務省におりまして当時の官房長に随行して参りました。その時，戦跡地特に作戦本部のありました海軍壕でありますとか摩文仁の丘，ひめゆりの塔，健児之塔と壕さらには嘉手納基地の周辺等を訪れまして沖縄戦や基地の実態の一部を拝見し改めて沖縄の皆さんの筆舌に尽くせぬ多くのご苦難に想いを馳せた記憶が今もついこの間のことのように思い起こされます。

　その後も鹿児島の大学におりました時に会議や入学試験などでも何回か参りました。今回こうして沖縄県連の研修会にお招きいただき大変光栄に存じている次第でございます。

　どうかよろしくお願いいたします。皆さんのお手元に簡単なレジュメと今日のお話に関係します法律の条文などを記したものをお配りしていますのでそれを参考にしていただきながらお聞きいただけ

れば結構でございます。

②　戦禍による戸籍の滅失再製について

　さて，本題に入ります前に先の大戦による沖縄における戸籍の滅失とその再製に関連して少しお話をさせていただきたいと思います。もう皆さんはよくご承知かと思いますがこの問題はわが国の戸籍制度の歴史の中でもどうしても記憶されておかなければならない事柄の一つであると考えております。

　沖縄本島及びその周辺離島に所在していました市町村の保管する戸籍原簿等は，昭和19年10月から同20年7月までの間の米軍の爆撃によりましてそのほとんどが焼失しました。同時に当時は戸籍事務の監督は区裁判所が行っておりましたがそこで保管していました戸籍・除籍の副本および戸籍届書類も焼失してしまいました。わずかに宮古・八重山群島だけが焼失を免れたとされております。このことは他の戦争による被害と同じく大変な事態でありました。

　敗戦に基づくアメリカ軍の占領により沖縄には日本の行政権が及ばなくなりましたが，昭和20年7月1日にいわゆるニミッツ布告と呼ばれました米国海軍軍政府の布告が出されましてこれにより当時沖縄に施行されておりました法律（いわゆる旧民法，旧戸籍法等）が占領政策に支障がない限り継続して施行されることを明らかにしていました。

　次いで昭和21年1月19日行政分離に関する覚書が発せられまして沖縄を含む北緯30度以南の南西諸島に対する日本政府の政治上・行政上の権力の行使が停止され，これによりまして沖縄県は日本本土から切り離され以後27年という永い期間にわたり米国の施政権の下

に置かれることになったわけでございます。

　そして，先ほどのニミッツ布告及び昭和21年の覚書が昭和32年1月1日いわゆる沖縄法として立法されました改正後の民法及び戸籍法が施行されるまでの間維持されていました。つまり，昭和31年12月31日までの沖縄における戸籍事務は本土の旧民法及び旧戸籍法により処理されておりました。

　本土におきましては昭和23年1月1日からそれまでの旧民法，旧戸籍法が新憲法の趣旨に即して改正，施行されていましたが，沖縄県におきましては先ほどのニミッツ布告等の解釈上，本土における改正後の法律は，当然には沖縄には及ばないものと考えられていたために昭和32年1月1日に至り本土におけると同趣旨の民法・戸籍法の改正が沖縄法として行われ，以後，この法律により戸籍事務は処理され，そして復帰の日を迎えることになったわけであります。実に9年間の法律施行のタイムラグがあったことになります。

　こうした状況の中で山積する懸案の中の一つの大きな問題は戦禍による滅失戸籍の再製の問題でありました。住民の実態を把握する必要性はとりわけこのような悲惨な被害を受けた状況では大きくどのような行政施策を考えるにしろ必要な前提条件として最大の課題であったと思われます。

　そして，この問題に対する沖縄県の対応は大変素早いものでありました。すなわち，昭和21年9月に当時の沖縄民政府総務部長名で「臨時戸籍事務取扱要綱」が公布され，これに基づき臨時戸籍の調製作業が開始されました。敗戦後1年というわずかの間に，しかも，戦後の混乱期の中で戸籍の必要性が強く認識され，当面それに代わるべき措置として臨時戸籍という公簿の調製作業に着手されたので

あります。

　この臨時戸籍は戸籍という名称を伴ってはおりますが昭和28年に公布されました「戸籍整備法」に基づく戦災滅失戸籍の再製がされるまでの間，あくまでも戦後の混乱期に住民を把握する方法として臨時かつ応急的に調製されたものでありまして，いわば現在の住民票と同じような性格を有していたものと思われます。

　しかし，正規の戸籍が再製されるまでの間は，当該臨時戸籍に登載されている者の身分に関する届出事項も登録することになっていたことからしますと実質的には戸籍としての役割も果たしていたものと言えるかと思います。

　その後，琉球政府は昭和28年11月に「戸籍整備法」を公布しまして，昭和29年3月1日から施行されました。これにより戦災による滅失戸籍の本格的な再製作業が開始されることになったわけであります。そして，昭和37年9月に一応の完成をみたとされております。

　その後，昭和42年7月1日からは本土におけると同趣旨のいわゆる旧法戸籍の改製作業が開始され第一次，第二次の作業が行われたわけであります。そして，昭和47年5月15日の復帰により地域法である沖縄法は失効しましたが復帰に伴い制定されました政令により沖縄戸籍は本土の戸籍法による戸籍とみなすこととされたわけであります。

　この一連の経緯は言葉で申しますと簡単でありますがその間における関係者の皆さんのご努力というものは大変なものであったと思われます。とりわけ戦災による滅失戸籍の再製作業の実態は当時この事業に関わられた方々のお書きになっているものを拝見しますと大変に緻密かつ周到な用意のもとになされたようであります。

それは膨大な量の減失戸籍の再製を戸籍副本，戸籍届書類及び戸籍見出帳などの本来の再製資料とすべきものが全くないという条件のもとで緊急かつ短期間に再製しなければならないという事情があったからであろうと思われます。

　まさに無から有を作り出すような状況での再製作業は大変なご苦労を伴ったものであったと思います。今仮に皆さんが副本もなく届書類もなく見出帳もないという条件で戸籍を再製するということをお考えいただくだけでもそのご苦労の一端を理解できるのではないかと思います。

　関係者の申告のみに頼らざるを得ない，しかも，家族の身分関係についてもっとも詳しい当時の戸主の多くの方が戦死されていたという状況であります。改めて当時の再製作業をはじめ戸籍事務の処理に心血を注がれた方々のまさに献身的なご努力にただただ敬服のほかありません。

　このような作業が極めて短期間になされたということは同時に戸籍というものが市民生活にとって，また，各般の行政を展開する上でいかに重要かつ必要欠くべからざるものであるかということを改めて認識させたということも言えるかと思うわけであります。

　沖縄の皆さんの戸籍に対する認識が特に高いと言われておりますことはこうした戦後の貴重な体験も与って大きな要因になり現在の皆さんに引き継がれているからであろうと思います。

　こうした事実を踏まえて戸籍制度の維持発展に真摯な努力を続けていくことがそうした人々のご努力に報いることになるのであろうと思います。

　皆さんにはまさにいわずもがなのことを申しましたがわが国の戸

籍制度の歴史において忘れてはならない一つの重要な事柄として触れさせていただきました。

③　戸籍実務に関わる若干の問題について—最近の裁判例を素材として—

　さて本日は何をお話すべきかいろいろ考えましたが「下手な考え休むに似たり」でなかなかいいアイデアが浮かんでまいりません。そして，結局できれば少しでも皆さんに興味をもって聞いていただくには裁判例を素材としてそこに含まれる戸籍実務上参考となるような基本的事項についてお話するのがベターかなと思いご案内のようなテーマといたしました。

　裁判例と申しますのは皆さんもご承知のとおり現実に起こった問題について法的な観点から裁判所が一定の判断を示したものでありまして適用法文の解釈でありますとか事実の認定とそれについての価値判断そしてそれらを前提とした結論としての判決内容等大変参考になるものであります。

　裁判によりましてはとりわけ最高裁の判決ともなりますと時として法令の改正の契機となったりもします。平成20年に国籍法が改正されまして日本人父に認知されたに止まる子も準正嫡出子と同じように届出による日本国籍の取得が認められるようになりましたがこの改正も改正前の国籍法第３条１項の規定が準正嫡出子のみに届出による日本国籍の取得を認め，認知されたに止まっている子には認めていなかったことを憲法第14条の平等規定に違反するという判断をしたことが直接の契機となったものであることは皆さんご承知のとおりであります。また最高裁の示す法律の解釈は戸籍実務の扱い

に影響を及ぼすこともあります。判決において示されます解釈その
ものも大変参考になります。

　いずれにいたしましても親族法なり戸籍法に関連した裁判例は下
級審のそれも含めまして実務を行う上で大変参考になるものがあり
ます。その意味で皆さんには是非こうした裁判例にも関心を寄せて
いただきたいと思います。

　しかし，今日はいくつかの裁判例の内容をご紹介してそこでの問
題点のようなものをお話するというよりもむしろそれを素材として
そこに含まれている戸籍実務上参考になると思われる基本的な事項
を拾い出してお話をしたいと考えております。従って，系統だった
お話ではありませんのでどうか気楽にお聞きいただきたいと思いま
す。なお，意見めいたことも申しますがそれは全く私個人の考えで
ありますのでご了承いただきたいと思います。

1　戸籍情報の管理をめぐって

　最初は戸籍情報の管理に関連する問題であります。戸籍情報の管
理の重要性につきましては今更とやかく申し上げるまでもなく皆さ
んよくご承知のことであります。

　平成17年４月には個人情報保護に関する５つの法律が全面施行さ
れ個人情報保護の適正な取扱いについての基本的な法整備が整いま
した。これでわが国も先進国なみの体制ができたと言われておりま
す。

　そして，個人に関する典型的な情報を対象とします戸籍情報・住
民基本台帳情報の適正な取扱いにつきましても近時虚偽の届出事件
による真実でない戸籍記載がなされる事案の発生，発覚とか戸籍情
報等への不法不当アクセス事件の頻発等の病理的現象の発生を受け

ましてこれらを防止することを意図した改正が個人情報保護施策の一連の流れの中で平成19年に戸籍法，住民基本台帳法の改正という形で行われたわけであります。

　もちろん戸籍情報，住民基本台帳情報ともに公証の必要性，有用性という制度本来の存在理由もまた重い意味を持っておりますからそれと情報保護の必要性といういわば対立した契機を巧みにアウフヘーベン（止揚）した内容の改正がなされたわけであります。

　ところでこうした法的措置は当然のことながら主としては戸籍を利用される住民の皆さんとの関係性の中で皆さんに示されている規範であります。

　しかし，戸籍情報を適切に管理するという問題はこうした公開・公証の場面以外にも沢山ございます。極端に申しますと戸籍事務処理のすべてのプロセスで情報の適切な管理は求められていると言っていいわけであります。その中でももっとも根源的な視点としてとらえなければならない問題は皆さん自身の手によって法令の根拠に基づかないで情報が漏洩されることがあってはならないということであります。

　地方公務員法にいう「守秘義務」を持ち出すまでもなく「職務上知り得た秘密を漏らしてはならない」のは皆さんが共通に理解され認識されかつ実践されているところであろうと思います。

　しかし，時としてこうした義務に違反する事案がないわけではありません。そうした裁判例を一つご紹介したいと思います。これは京都地方裁判所平成20年3月25日の損害賠償請求事件の判決の事案であります（判例時報2011号134頁）。

　これは京都のある区で臨時職員として戸籍事務を担当しておりま

した職員が職務中に知り得たある人の戸籍情報，除籍情報を自分の知人に知らせたところその事実がその情報を漏らされた人にわかったんですね。そして，その人が自分の戸籍情報の漏洩によって精神的苦痛を受けたとして損害賠償請求の訴えを起こしたという事案であります。つまり，国家賠償法第1条に基づく地方公共団体に対する損害賠償責任と民法第709条に基づく不法行為責任を問うたわけであります。

　この情報を教えてもらった人と情報を漏らされた人は元夫婦でありましたが離婚したんですね。この職員は職務遂行中に知り得たこの被害者（元夫）に関する戸籍情報を自宅に帰りましてから電話で友人つまり元妻だった女性に「あなたの別れた前のご主人は誰々さんと再婚しているわよ」といった類いのことを話したんだろうと思われます。

　「人の秘密は蜜の味」などというくらいですから他人の情報とかプライバシーに関わる情報を知りますと誰かに伝えたくなるものですがしかしそれを認めてしまいますと情報の保護とか情報の管理などということは画餅，つまりは絵に書いた餅に過ぎなくなってしまいます。

　ところで本件での国家賠償責任につきましては一番のポイントは法律にあります「職務を行うにつき」という要件の充足性にあったと思います。つまり，本件漏洩行為が「客観的に職務執行行為の外形を備える行為」であったかどうか，にあったと思いますがこの点については責任が否定されております。

　難しい議論は別としまして本件では自宅に帰ってからの行為であること，情報を漏らしたのが友人との個人的関係を背景としてなさ

れたことなどから「職務関連性」がないとされたものであります。しかし，これがもし役所の中から電話したとか役所の側の喫茶店に呼び出して漏らしたということになりますと「職務関連性」の有無についてまた別の判断がなされた可能性は十分にあったと思われます。

　他方，民法上のプライバシー侵害を理由とする損害賠償責任についてはこれを認めております。これは当然の判断であろうと思います。プライバシー侵害に基づく損害賠償請求に関する裁判例は沢山ございますがこのようなケースについて責任が肯定されるのは極めて一般的と言ってよいかと思います。

　なお，本件職員は懲戒処分として諭旨免職処分となり，また，地方公務員法違反で罰金の略式命令も受けております。

　個人情報の漏洩はいったんそれがなされますともう原状回復は不可能であります。そこは物の売買契約のような財産行為とは異なるところであります。漏らした情報を漏らさなかった状態にすることは不可能であります。どうか戸籍情報のみならず住民基本台帳情報につきましてもこれらの情報の持っている性質をよく理解してこれからも適切な対応がなされますことを期待したいと思います。本件判決はその意味で「他山の石」とすべきものとして参考になるかと思うわけであります。

2　戸籍訂正をめぐって

　さて次は戸籍訂正をめぐる問題であります。素材とします裁判例は平成22年6月1日の神戸家庭裁判所明石支部の戸籍訂正許可申立事件であります（判例タイムズ1338号145頁）。

　事実関係は比較的簡単であります。要するにある男性が婚姻意思

のないある女性との間の婚姻届を一方的に偽造し届け出てこれが受理されその旨の戸籍処理がなされたというものであります。そこで，婚姻意思のなかった被害者である女性から戸籍の婚姻に関する記載は真実に反するとして戸籍法の規定に基づきこの記載の訂正許可を求めたものであります。

　届書を偽造して養子縁組をしたり婚姻届をするという事例が最近まま見受けられるところであります。養子縁組につきましては平成22年12月27日付けで虚偽の縁組の届出を未然に防止することを目的として新たな通達が出されましたことは皆さんご承知のとおりであります。幸い相応の効果を発揮しているようであります。

　しかし，届書の偽造等の手段による創設的届出がなされる可能性は常に存在いたします。形式を整えた上で合法の衣をまとって皆さんの窓口に出てくる可能性は今後もあり得るわけであります。

　ところで本件は婚姻届書を偽造した者が一方的に届け出て受理されたケースでありました。当然のことながら婚姻意思のなかった女性が窓口に出頭していることはあり得ないのが普通ですね。こういう場合の処理の対応で皆さんはすぐに戸籍法の第27条の2の規定を思い出されると思います。

　平成19年の戸籍法改正で戸籍の記載の真実性を担保するための措置として規定された条文であります。本件の審判例との関連で申しますと特に第27条の2第2項の規定が関係するわけですね。つまり，届出事件の本人（婚姻事件であれば夫になる人と妻となる人）のうちで窓口に出頭して届け出たことを確認することができなかった者があるときは，届出を受理した上で遅滞なくその者に対し婚姻届を受理したことを通知しなければならないことになっていますね。い

わゆる本人確認とそれに関連する規定であります。その対象は届出によって効力を生ずべき認知，縁組，離縁，婚姻又は離婚の各届出ですね。

　このような規定が設けられた趣旨，理由は何でしょうか。それは戸籍に真実でない記載がされた届出事件の本人等が当該真実でない記載について家庭裁判所の審判等を得て戸籍訂正の申出をしたり，それを前提とする戸籍の再製の申出等の手続を速やかに行う手がかりを与えるところにあると言われております。つまりは虚偽の届出の早期発見とそれに対する速やかな是正措置等への対応を可能にするためのものでありましょう。

　しかし，現実に被害に遭った人にしてみますと「なにがなんだかわからない」というのが本当のところであって自分の戸籍がどう処理されたのかすら思い及ばないのが実体ではないかと思います。ましてや戸籍訂正の手続はおろか訂正後の戸籍の再製の制度などの規定の存在することすら知らない場合が一般的であろうと思います。

　つまりこうした被害者が皆さんのところに見えて「自分の婚姻届を受理したという通知をもらったけれども自分はそんな婚姻などした事実はない。一体全体どういうことなんですか」というような相談になるのが普通であろうと思います。

　その時皆さんならどういう対応をされるでしょうか。いろいろな対応が考えられますね。しかし，少なくとも，①この届出を受理した理由（根拠），②被害者の戸籍記載の現状がどうなっているか，③それが真実でないとしたらその記載を訂正する方法，④訂正した後の戸籍の再製の申出制度の存在と内容等については要点を説明する必要があると思います。

いきなり「あなたの戸籍を原状回復するには戸籍訂正が必要です。戸籍訂正については家庭裁判所に行って相談してください」では不十分だと思います。理想を言えばそういう被害者の方が家裁なり弁護士さんのところに行って相談するにしてもそれに必要な最低限の情報はアシストしてあげることが望ましいのではないでしょうか。

　さて，本件判決の事案がどのような経緯で戸籍訂正申立てがなされたかは定かではありませんがあるいは先ほど申しました戸籍法第27条の2の第2項による通知が端緒となった可能性もないわけではありません。あるいは警察署等からの通報があったのかも知れません。

　本件の婚姻が当事者の一方の「婚姻意思」を欠いた無効のものであることは明らかであります（民742条1項参照）。しかし，既に受理され戸籍の記載もされております。

　理由はともあれ戸籍に記載されますと一応真実であるという事実上の推定を受けるとされております（最判第一小法廷昭和28・4・23・民集7巻4号396頁）。

　ではそのような真実に反する戸籍の記載の訂正はどうするかが当然問題となります。そこで戸籍法における戸籍訂正の方法に関する構造を簡単に素描しておきたいと思います。

　いくつかのポイントを簡単に申し上げてみたいと思います。

　まず第一に，戸籍訂正の方法に関する戸籍法上の法文であります。皆さんはすぐに4つの条文を頭に描かれると思います。そうですね。法文の順序でまいりますと24条，113条，114条そして116条であります。戸籍訂正は若干の例外を除いて原則としてこれらの条文に根拠を持たない訂正はあり得ないということであります。厳格なもの

です。

　第二に，この24条と113条，114条，116条との関係であります。戸籍の訂正は当該戸籍の関係人の身分関係に重大な影響を及ぼすことがありますからその訂正は慎重であるべきであり，したがって，まずは当事者その他の関係人からの申請に基づいて裁判所の関与のもとになされるのが望ましいわけでありますからこれらを原則とするということであります。そして，24条は職権訂正と言われておりますが113条ないし116条の規定に基づく原則どおりの申請が期待できないような場合に備えて例外的，補充的に認められる簡易な手続であると解されております。もちろんこの場合には訂正さるべき事項の内容には一定の制限があることはいうまでもありません。

　第三に，裁判所の関与のもとになされます113条，114条と116条は少し性質を異にしています。まず，116条は「確定判決によって戸籍の訂正をすべきときは」としていますね。ここでいう「確定判決」は戸籍訂正を命ずる判決を意味するものではありませんで，戸籍記載の訂正を必要とすべきその基礎たる実体的身分関係を確定する判決をいうものとされております（最判昭和32・7・20・民集11巻7号1314頁）。ですから婚姻無効の事案であれば婚姻無効の判決又は審判ということですね。いわば，それは訂正事項を明確ならしめる証拠方法として確定判決を要するとする趣旨でありますから，判決の主文とその理由を総合して訂正事項が明確にされている以上，必ずしも判決の主文に訂正事項そのものが表現されていることを必要としないと解すべきであるとされております。

　通常この判決は，身分関係の存否を確認する判決又は形成する判決，つまり，嫡出否認，父を定める訴え，婚姻及び協議上の離婚の

無効，実親子関係の存否確認に関する判決等がこれに該当します。

他方，113条は「戸籍の記載が法律上許されないものであること又はその記載に錯誤若しくは遺漏があることを発見した場合」となっていますね。戸籍の記載が「法律上許されないものであること」とは，要するに法律上戸籍に記載できない事項について記載されているもの（前科の記載，胎児認知の記載等）であり，「錯誤があること」とは，戸籍の記載が事実に合わないこと（出生の年月日・場所などについて事実に反する記載等）であり，「遺漏があること」とは，戸籍に記載することを要する事項に関し，その一部の記載が漏れている場合（従前の戸籍から移記すべき事項の記載漏れ，続柄欄の記載漏れ等）であります。

そして，114条は「届出によって効力を生ずべき行為について戸籍の記載をした後に，その行為が無効であることを発見したときは」となっています。つまり，創設的届出行為に関する戸籍記載をした後にそれが無効であることを発見したときに関するものであります（婚姻，協議離婚，認知，養子縁組，協議離縁等）。

この113条と114条の関係につきましては条文の文言からもわかりますように114条はいわゆる創設的な届出行為の無効に関する訂正であり113条はそれ以外のものに関する訂正であるという点で区別できるかと思います。

関連して申し上げておきますと，113条と114条は家庭裁判所の許可審判を得て行う訂正手続（家事審判）であるのに対しまして，116条は人事訴訟の確定裁判（家審法23条審判含む）を得て行う手続であるということであります。そして許可審判の場合には非訟事件の裁判としていわゆる既判力（実体的確定力）がないのに対しま

して確定裁判には既判力があるという差異もあります。このように両者は手続面と効力面においても区別があるということであります。

　第四に，それでは次にこの113条，114条と116条のシェアと言いますか守備範囲はどう考えるべきかという難しい問題が出てきますがこれも戸籍法の法文からは明らかではありません。学説も分かれております。判例も必ずしも同じではありません。

　少し乱暴かも知れませんが現在のこの点についての二つの考え方の大勢という意味でその結論部分だけをご紹介しておきたいと思います。

　一つは大正5年の二つの戸籍訂正に関する大審院判例（大正5年2月3日決定・民録22輯156頁と同年4月19日決定・民録22輯774頁）の流れをくむ考え方でありまして，その内容は，訂正すべき戸籍の対象事項が戸籍の記載自体から明白な場合，又は戸籍の記載自体からは明白ではないとしても，訂正を要すべき事項が軽微で，その訂正が法律上重大な影響を及ぼすおそれのない場合には，113条又は114条の手続により行うことができる。しかし，訂正すべき事項が戸籍面上明白でなく，かつ，訂正の結果，親族法・相続法上重大な影響を及ぼす場合には，116条の手続によるべきであるとするものであります。

　今一つは，主として家庭裁判所の審判例に多く見られる立場でありまして，判決によって初めて身分関係が形成される事案（嫡出否認〈民774条以下〉や父の確定〈民773条〉等）は別として，それら以外は113条による訂正も事案により認められるとするものや，さらに届出人及び届出事件の本人等が異議のないときは，本来116条に基づき訂正すべき場合でも114条により訂正できるとするものも

あります。こうした考えの基礎には，戸籍の記載は身分関係を公証するものに過ぎず，身分関係を確定させるものではないから戸籍訂正をするためにその前提として常に身分関係を確定する必要がないという論理があるようであります。

戸籍実務も基本的には家庭裁判所においてこのような許可審判があったときは113条又は114条による訂正申請を受理して戸籍訂正をすべきものとしている先例も多くあります。

さて，それではご紹介した訂正事案ではどう考えるべきでしょうか。偽造の届書による場合であるとはいえ戸籍に記載されている婚姻事項を訂正することは訂正の結果が親族法・相続法上重大な影響を及ぼすことは明らかであります。ましてや訂正すべき戸籍の対象事項が戸籍の記載自体から明白とは言えませんし訂正を要すべき事項が軽微だなどとはもちろん言えないことも明らかであります。そうだとしますとこれは116条の確定判決による手続によるべきだという結論になります。

しかし，本件審判は原則は確かにそうだけれども事案のもつ個別具体的な事情によっては113条ないし114条に基づく戸籍訂正が許される場合もあると解すべきであるとしています。そして，本件では114条による訂正が認められると判断しております。

それではどのような事情があれば116条ではなくて114条の許可審判でも訂正が可能なのかという点について個別具体的な事情として次のような点を挙げています。

第一に，本件婚姻が無効であることが客観的証拠により明らかであること，第二に，それについて当事者間に明らかに争いがあるとは認められないこと，第三に，届書を偽造した男性は逮捕，勾留さ

れた後，措置入院（強制入院）となり，現在入院中であり，こうい
う状態の人を相手に婚姻無効の訴訟を提起し，その判決が確定する
のを待っていたのでは偽造に係る本件婚姻に基づく戸籍上の記載が
真実に反して存続することになり，被害者の被る不利益が大きいこ
と，を挙げています。

　審判は特に触れていませんがこの不利益の内容についてさらに私
なりに敷衍してみますと，そのような真実でない記載がなされた戸
籍が公証される可能性もありますし，被害者はこの訂正がなされな
い限り新たな身分行為の届出が制限されることにもなります。そし
てこれらのことによる精神的苦痛，そういうものが不利益と言える
かと思います。

　ですからこういう事情がある場合は116条ではなく114条による許
可訂正が認められるべきであるというものでありました。もちろん
116条による訂正手続をとることを否定しているわけではありませ
ん。むしろそれが原則だとした上での判断です。

　つまり，婚姻の無効が必ずしも明らかとはいえず，当事者間で無
効について争いがあり，かつ，早期に婚姻無効確認の訴訟等を提起
することに格別の問題もないというような事情がある場合には原則
にかえり116条に基づく確定判決による訂正手続が選択されるべき
であるということになろうかと思います。

　いずれにしましても戸籍に真実でない記載がされる原因等がかつ
てと比較して多様な形態をとり，訂正をめぐる関係者の置かれた状
況等もいろいろであるという現状を考えてみますと，さきほどご紹
介しました大審院決定の流れを汲む見解は明快であり戸籍の性質・
機能という面からは基本的立場としては極めて正当だと思いますが，

しかし，その見解に固執することは個々の事案のもつ性質による差異に柔軟に対応することが困難で時として被害者に苛酷な不利益を課すという結果をもたらすことにもなります。その点で少し硬直的であるようにも思われます。戸籍に対する厳格な姿勢は支持されるべきであると思いますが，戸籍訂正をめぐる状況はまさに千差万別であります。その意味で本件審判の説くところは大変説得力をもっており戸籍訂正のありようを考える際に大いに参考になると私は考えております。本件審判と同趣旨の論旨を展開している審判例は他にもありますが戸籍訂正の問題を考える場合の一つの有益な審判例としてご紹介しました。

　戸籍訂正をめぐる問題は理論的にも実務的にもなかなか難しい論点を含んでおりますから大変だと思いますが大事なことはこの問題は最終的にはその処理は皆さんのところにかえってくるということであります。その意味で戸籍訂正の問題につきましても大いに関心を示していただきたいと思いこの問題の一端についてお話しました。

3　嫡出否認の訴えについて

　次は嫡出否認の訴えについてであります。嫡出否認の訴えといいますと皆さんはすぐに民法第772条の規定を思い起こされると思います。「妻が婚姻中に懐胎した子は，夫の子と推定する。婚姻成立の日から200日を経過した後又は婚姻の解消若しくは取消しの日から300日以内に生まれた子は，婚姻中に懐胎したものと推定する。」とあります。

　いわゆる嫡出の推定に関する規定ですね。そして，そのすぐ後ろにあります第774条で「第772条の場合において，夫は，子が嫡出であることを否認することができる。」としています。つまり，夫は

妻の産んだ子について「嫡出推定を受ける嫡出子としての地位を覆すこと」ができるとしているわけであります。さらに，第777条において「嫡出否認の訴えは，夫が子の出生を知った時から1年以内に提起しなければならない。」としています。これらの規定からもわかりますように嫡出否認の訴えの提起を原則夫のみに認め，しかも，それは，子の出生を知った時から1年以内という短い期間しか起こせないという厳しい制限のもとに認めているわけであります。なぜこのような厳格な規定になっているのでしょうか。

　その趣旨，理由は，第三者に嫡出性を争うことを認めますと，場合により夫婦の性交渉の有無を明らかにせざるを得ないことになって望ましくないこと，夫婦間の嫡出子であるとされている子を第三者がみだりに自分の子であると主張できることとしますと家庭の平和を乱す原因となること，夫がいつまでも自由に嫡出否認をできることとしますと子の身分関係が不安定になり，子の養育義務の所在も確定されないことになること，などを挙げることができるかと思います。要するに，夫婦の秘事の公開防止，家庭の平和の維持，父子関係の早期安定が趣旨ということであります。

　夫婦の関係といいますか婚姻生活の体様はそれぞれでありますが現実的に見ますと例外はあるにしても多くの夫婦はごく正常なと言いますか普通の婚姻生活を送っている場合が圧倒的でありますからそのような夫婦間で生まれた子について父たる夫が妻の産んだ子との間の嫡出父子関係を否定するには嫡出否認の訴えによるしかないということになるわけであります。つまり，このような子は必ず出生届は嫡出子出生届をし，そして戸籍に嫡出子として記載されることになります。その上で夫の子ではないというなら嫡出否認の訴え

を提起することになります。これが基本です。

　関連してこの訴えの提起のプロセスについて簡単に触れておきたいと思います。嫡出否認の訴えにつきましても，この後でお話します親子関係存否確認の訴えも，いわゆる調停前置主義（家審法18条）が働きますから，訴えを提起しようとする者はいきなり訴え提起ではなくてまずは家庭裁判所に調停の申立てをしなければならないこととされています。ですから出訴期間の1年というのは，否認権者が家庭裁判所へ調停申立ての手続をとるべき期間という趣旨になります。そして，調停において当事者間に合意が成立し，原因の有無について争いがなく，家庭裁判所がこの合意を正当と認めるときは，その旨の審判をし（同法23条），この審判に対し所定の期間内に異議の申立てがないときは，当該審判は確定判決と同一の効力を有するものとされております（同法25条3項）。

　親子関係のような基本的な身分関係は当事者間の合意のみで勝手に決めるのは妥当ではありませんから合意ができたからといってそれをそのままストレートに認めるというわけにはいきません。そこで裁判所が必要な事実を調査した上で合意を正当と認めるというスクリーニングが必要とされているわけであります。この手続で①合意が不成立の場合，②合意はあるが家庭裁判所が審判をしない場合，③異議申立（家審法25条2項）により審判が効力を失った場合，には訴えの手続に入り得ることになります。家事統計を見ていますと23条審判をしているケースが圧倒的に多いようであります。

　なお，この嫡出否認の訴えを提起できるのは原則夫のみでありますが，夫が子の出生前に死亡したとき又は嫡出否認の訴えを提起できる期間内に訴えを起こさないで死亡したときは，一定の者にこの

訴えを提起することが認められております（人訴法41条参照）。

　嫡出否認の訴えの内容の概略は以上のような構造になっております。

　なお，嫡出否認の裁判が確定した場合の届出に関連して付言しますと，もし嫡出否認の裁判が当該子の出生届出後に確定した場合には，この確定裁判に基づく戸籍法第116条の戸籍訂正申請によって所要の訂正がなされることになります。逆に当該子の出生届前にこの裁判が確定した場合には，この裁判の謄本を添付して嫡出でない子としての出生届をするか，又は，母が既に子の実父と再婚している場合であれば，後夫から嫡出子出生届をすることができる扱いになっているわけであります（昭和48・10・17民二第7884号民事局長回答等）。

　さてそこで次にご紹介するのが平成23年3月18日の最高裁第二小法廷の事案（判例時報2115号55頁）であります。これは嫡出否認の訴えの事案ではありません。事件名は離婚等請求本訴・同反訴事件となっています。夫から妻に対し離婚等請求の訴えを提起しましたが妻のほうからも反訴（民事訴訟法146条）として離婚等の請求とともに二人の間に生まれました三人の男の子の離婚後の監護費用の分担を申し立てたものであります。

　この事件の筋そのものよりは私が注目しましたのはこの三人の男の子のうち二男は実はこの夫婦間の子ではなく妻が婚姻中に夫以外の男性と性関係をもちその結果として出産したという事実が介在していたという点にあります。出生届も嫡出子出生届がなされ戸籍にも夫婦間の嫡出子（二男）として記載されているのであろうと思います。

判決からはこの夫婦の生活実態は必ずしもよくわかりませんが最終的には破綻を来すことになります。しかし，少なくとも二男出生当時は外見的にはごく普通の夫婦生活が営まれていたものと推測されます。この二男が生まれましたのは平成10年でありました。妻はこの二男と夫との間に自然的血縁関係，つまり血の繋がりがないことを二男出生後2か月以内に知ったというんですね。しかし，夫にそのことを告げなかったんですね。こういう場面になりますと主導権は妻側にあります。夫は真実の告白を受けない限り事の真否を知ることは不可能であります。

　この事案で夫が妻が不倫をしてその結果として二男が生まれたということを知ったのは二男の出生から約7年後のことであったとされています。嫡出否認の訴えは子の出生を知った時から1年以内に提起しなければならないわけでありますからこの場合はこの提訴可能期間はとっくに過ぎていますから夫はこの訴えを起こすことは最早できないことになります。つまり，本件の夫と二男の間には自然的血縁関係がなくても法的には父と子であるということが確定することになるわけであります。戸籍の記載ももちろんそのままであります。

　嫡出否認の訴えの制度が現実にこのような作用を果たしているという一つの事例であります。提訴期間の制限の趣旨は先ほども申しましたように父子関係の早期安定にあるということでありますがこういう事案を考えてみますとそれが果たしてその子の保護・福祉に確実に繋がるものかどうか疑問がないわけではありません。しかし，ここはやはり妻が婚姻中に懐胎した子は嫡出子としての地位が強力な法律上の推定によって保護されている結果だと見るべきかも知れ

ません。

　もっともこのような事案の場合，事実関係を知らなかった夫が否認の訴えを提起できないというのは問題ではないかという見方も当然あり得ることです。現に審判例の中にもこの否認権行使の起算点について柔軟に考えるものが昭和40年代に何件か出ております。

　例えば，夫が子の出生を知った時とは，「単に夫が妻の出産事実を知るのみならず，それが嫡出推定を受ける関係にあることをも知った時」を意味するものと解すべきであるとしたもの（札幌家審昭和41・8・30・家月19巻3号80頁）があります。また，「夫が否認すべき子の出生を知った時」と解すべきとしたものもあります（東京家審昭和42・2・18・家月19巻9号76頁）。

　しかし，このような解釈は民法第777条を事実上改正するに等しく立法論としてならば別ですが現行法の解釈としてはオーバーランというべきであろうと思います。出訴期間の制限緩和は確かに一つの論点ではありますが当面は「推定の及ばない嫡出子」の概念を用いることによってもある範囲では可能でありますから拡張解釈は妥当ではないと私自身は考えております。

　要するに繰り返しになりますが自然的血縁関係が存在しない場合でも法的親子関係の存在が確定する場合があるということであります。民法が実親子関係の形成について血縁関係の存在を重要な要素においていることは明らかでありますが，本件の夫（父）と二男の関係のように，戸籍に嫡出子として記載されている者について血縁関係の不存在を理由に真実の親子関係と合致させることについて民法自身が制限を設けていることにも留意していただき実親子関係の法構造の内実の一端のご理解になればと思いこの問題を取り上げま

した。なお，関連しまして民法が戸籍の記載を真実の実親子関係と合致させることについて制限を設けている場合として二，三例示しておきたいと思います。

　まず民法782条であります。そこには「成年の子は，その承諾がなければ，これを認知することができない。」とありますね。任意認知は原則は皆さんご承知のとおり認知者の単独の意思表示で可能であります。子との間にそれにより法的親子関係が成立するわけでありますから子にとってはプラスであります。しかし，本条は，認知される者が未成年である間（この間が子の成長にとって大事な期間）は放置しておきながら子が成長し自分に有利とみたときは法的父子関係を生ぜしめようとするような利己的な行為を制限する趣旨であるとされております。この場合はいくら血縁関係の存在が明らかでありましても認知される者の承諾がないと認知できない，つまり父子関係の成立は認められないというわけであります。

　また，783条には「父は胎内に在る子でも，認知することができる。この場合においては，母の承諾を得なければならない。」としています。この場合は，母の名誉や利害に影響するところが大きいことや認知を誤らないようにする趣旨でありますが，やはり胎内の子を認知しようとする事実上の父との血縁関係が真実でありましても母の承諾がないとできないことになっているわけであります。

　さらに，785条には「認知をした父又は母は，その認知を取り消すことができない。」としています。解釈はいろいろ分かれていますが判例には認知によって承認された事実が真実と異なる場合でも撤回できず，したがって無効の主張もできない，としているものがあります（大判大正11・3・27民集1巻137頁）。

　こうした条文も参考にしていただくとよいかと思います。

　さて余談ですが本件事案で監護費用の分担に関する部分で実は本件の原審であります東京高裁は本件で妻を離婚後の三人の男の子の親権者と定めるべきものとするなどとした上で先ほどの二男ですね，この二男は夫との間に自然的血縁関係はないけれども法律上の父子関係がある以上，夫はその子の監護費用を分担する義務を負うという判断をしたんですね。

　ところが最高裁はこの原審の判断を是認できないとしてこの自然的血縁関係のない二男についての監護費用を専ら離婚後の妻が分担すべきであるという判断を示しております。

　そう判断した理由は判決を見ますと二つあるようであります。一つは，妻の不倫の結果二男は出生していますがその事実を夫に知らせずその結果嫡出否認の訴えを提起することができず，夫には二男との間の父子関係を否定する法的手段が残されていないこと，二つは，この夫側が従前から妻に対し経済的にかなり余裕のある配慮をしていたこと，二男に対する養育・監護のための費用も十分に分担していたこと，離婚後も相当多額の財産分与を受けること等，の事情を考慮すれば，二男について離婚後も夫に監護費用を分担させることは過大な負担を課すことになり，したがって，妻が離婚後の二男の監護費用の分担を求めることはいわゆる「権利の濫用」に当たるとして，妻側の請求は認められないとしたのであります。

　大変興味ある判断でありますが嫡出否認の訴えの提訴期間制限の趣旨という側面からは原審の判断にも相応の評価がなされてしかるべきかと思いますが事案の性質からは最高裁の判断が正当ということになるのでしょうか。

4　親子関係存否確認の訴えについて

　次は親子関係存否確認の訴えについてであります。嫡出否認の訴えとセットで理解しておくとわかりやすいと思います。

　先ほどの最高裁の判決の事例で皆さんの中には夫は二男との間の父子関係を否定するのに親子関係不存在確認の訴えを起こして争えばよかったのではないかという疑問なり意見をお持ちの方もおられると思います。現にこの夫は二男が自分の子ではないことを知ってから親子関係不存在確認の訴えを起こしましたが却下されております。その理由は先ほど申しましたようにこの二男には民法第772条の推定が働きそれを排除するような事情がなかったということでありましょう。つまり，この場合は嫡出否認の訴えによるしか父子関係の存否を争うことはできないということであったのであろうと思われます。

　そこで親子関係存否確認の訴えであります。嫡出否認の訴えにつきましては民法に規定がありますし改正前の人事訴訟手続法にも規定がありました。

　しかし，親子関係存否確認の訴えにつきましては平成15年に制定された人事訴訟法により明文の規定が置かれるまでは民法はもちろん改正前の人事訴訟手続法にもなんらの規定もありませんでした。

　しかし，親子関係も一種の法律関係であるとして，その存在又は不存在についての確認の訴えが許されるとするのが従前からの判例であり通説でもありました。この訴えはとりわけ親子関係に関する誤った記載の戸籍訂正の場面で必要とされ大きな作用を果たしていたと言えるかと思います。そして，平成15年に人事訴訟法に全面改正されました際，実親子関係の存否の確認の訴えが「人事訴訟」の

中に含まれることが明文化されたわけであります（人訴法2条参照）。

　この親子関係存否確認の訴えは，嫡出否認の訴えと異なり，訴えを起こすに当たり，確認の利益，つまり，当該親子関係の存否を判決で確定してもらうことについて実質的な利益があれば，誰からでも起こせますし，出訴期間についても制限はないとされております。

　それではどのような子がこの訴えの対象となり得るでしょうか。いくつか例示してみたいと思います。

　まず，推定されない嫡出子，つまり，婚姻成立後200日未満で出生した子は，戸籍実務では「生来の嫡出子」として扱っていますが，民法第772条の推定を受けているわけではありません。もし，実は夫の子でない場合には，母から嫡出でない子としての出生届をすることも可能ですし，嫡出否認の制度の適用がありませんから，親子関係不存在確認の訴えでその嫡出性を争うこともできるわけであります。

　次に，いわゆる推定の及ばない嫡出子，つまり，形式的には民法第772条による嫡出推定を受ける嫡出子として扱われますが，解釈上，推定規定の適用を受けないものと考える子を「推定の及ばない子」と呼んでいますね。通常の夫婦の婚姻生活という772条が前提としている状況を欠く場合には同条の適用が排除されるとする点では判例も学説も一致していることは皆さんご承知のとおりであります。もちろん，その射程範囲をめぐっては見解の対立がありますが，このような子も親子関係不存在確認の訴えによりその存否を争うことができるわけであります。

　もっとも実質的には推定の及ばない嫡出子というカテゴリーに属する子も皆さんの形式的審査権との関係で772条の枠内に入るもの

については，戸籍実務上は嫡出子として取り扱うほかなく，ひとま
ず嫡出子としての出生届をした上で，推定される嫡出子として嫡出
否認の訴えにより，又は推定の及ばない嫡出子として親子関係不存
在確認の訴えにより，実体に従った親子関係形成の道を開いている
わけであります。

　これら以外で裁判上問題になりますのが何らかの原因により真実
の親子関係と戸籍の記載が異なる場合であります。つまりは，虚偽
の嫡出子出生届に基づき真実でない親子関係が戸籍に記載されてい
るような場合であります。

　このような場合もいくら戸籍に親子と記載されておりましてもこ
のような真実と異なる関係が法的親子関係として成立するわけでは
ありません。

　さて，そこで親子関係不存在確認の裁判に関する最近の判例を一
つご紹介したいと思います。これは平成22年9月6日の東京高裁の
親子関係不存在確認請求控訴事件についての判決の事案であります
（判例タイムズ1340号227頁）。珍しい事案であります。

　産院で取り違えられ，生物学的な親子関係がない夫婦の子として
戸籍に記載され，長期間にわたり実の親子と同様の生活実体を形成
してきた兄に対し，両親の死後，遺産争いを直接の契機として，戸
籍上の弟らが起こした親子関係不存在確認請求事件であります。

　つまり，ある夫婦の子として戸籍に記載されている四人の兄弟が
いるわけですが，そのうち一番上の兄は実はこの夫婦間の子ではな
く産まれました産院でこの夫婦間に産まれた子と取り違えられ，そ
の事実に気づくことなく出生届がなされ戸籍に嫡出子として記載さ
れ，以後50年前後にわたり実の親子と同様の生活関係を形成してい

たというものでした。

　しかし，この兄と戸籍上の親との間には自然的血縁関係は存在しませんからいくら戸籍に親子として記載され親子としての生活実体がかなり長い期間にわたり継続していたとしても，そのことを理由として法的親子関係が成立するということはないのが原則であります。フランスの民法には「身分占有」という制度がありましてこういうケースで一定の要件を立証すれば法的親子関係が認められるという規定がありますがわが国の民法にはもちろんそういう規定はありません。

　同様の事例で裁判上に時折見られますのが例の「藁の上からの養子」に関するものであります。生まれたばかりの子を自分たちの子として育てるために他人から貰い受けて自分たちの子として嫡出子出生届をして戸籍に嫡出子として記載されているケースです。

　現在は出生届には必ず出生証明書を添付しなければならないということになっていますがこの扱いは昭和23年施行の現行戸籍法に規定されてからでありましてそれ以前は必要なかったんですね。そのため時としてこのような他人の子を自分たちの嫡出子として届け出るということがあったわけであります。もちろんその場合だけではありませんで出生証明書を必要とするようになってからでも証明書を偽造して虚偽の届出をするというケースもないわけではないと思います。

　いずれにしましてもこれらの場合も自然的血縁関係が存在していないわけでありますから時間の経過によりこれが法的親子関係に転化することはあり得ないわけであります。ですから基本的にはこのような真実でない戸籍上の親子関係を否定するためには親子関係存

否確認の裁判で争うことができることになるわけであります。

　まさに親子関係存否確認の裁判は，親子関係という血縁に基づく基本的親族関係の存否について関係者間に紛争がある場合に，対世的効力つまり第三者に対してもその効力を有する判決（人訴法24条参照）をもって画一的確定を図り，親子関係を公証する戸籍の記載の正確性を確保するという重要な機能を有するものであるということが言えるかと思います。このような裁判を得て戸籍法116条に基づく戸籍訂正申請に及ぶということになるわけであります。

　以上親子関係存否確認の訴えについて概略を素描して参りましたが一つだけ補足しておかなければならないことがあります。

　実は先ほどご紹介しました東京高裁の事案ではそのような自然的血縁関係の存在しない場合には親子関係不存在確認の請求ができるのが原則であるとした上で，この原則に従って当該親子関係の不存在を確定することが著しく不当な結果をもたらすものといえるときは，当該確認請求は「権利の濫用」に当たり許されないという判断をしているということであります。皆さんもこういう事例をお聞きになりますと50年前後も本当の親子として暮らしてきた人にある日突然親子の関係は認められませんなどとしたらその子にとってあまりにも可哀想ではないかと感じられると思います。ですから学者の中にはこういうケースではせめて養子縁組の成立を認めてあげたらどうか（いわゆる無効行為の転換の理論）という主張をされる方もありました。しかし，これも最高裁の認めるところではありませんでした。

　さて，権利の濫用と申しますのは民法の第1条の3項に「権利の濫用は，これを許さない。」という規定があります。権利の濫用と

は，平たく申しますと，権利を行使するような外観を備えてはいるけれども実質的に見ると権利行使の正当な範囲を超えている場合，と言えるかと思います。親子関係不存在確認の訴えを起こして戸籍上の誤った親子関係の記載を是正するという外観は備えているけれども実質的には本当の目的は別のところにあって，権利行使の正当な範囲を超えていて妥当でないと判断し得るような場合であります。ですから，そういう場合は親子関係不存在確認請求は認められない，というものであります。嫡出否認の訴えのところでご紹介しました最高裁の判決の事案でも妻の監護費用分担の請求に関し「権利の濫用」という言葉を使用していました。

　この問題は実は平成18年7月7日の最高裁第二小法廷の有名な判決（民集60巻6号2307頁）がありましてこうした親子関係不存在確認請求において「権利の濫用」の成否が争われた事案で最高裁が「権利の濫用」に当たるとする場合の要件を示したものでありました。東京高裁の事案はその要件に該当するかどうかについての判断を示したものでありました。

　この平成18年の最高裁の事案は戸籍上の姉が既に死亡している両親と弟（この弟がいわゆる藁の上からの養子でした）との間の親子関係不存在確認請求をしたものでありました。この場合も戸籍上の親との間には自然的血縁関係は存在しませんから親子関係不存在確認請求は認められるのが基本であります。

　しかし，この事件で最高裁は一定の要件を示した上で実親子関係の不存在を確定することが著しく不当な結果をもたらすものといえるときは，親子関係不存在確認請求は「権利の濫用」に当たり許されないとしたものでありました。非常に画期的な判決といえるかと

思います。

　ちなみに最高裁がこの事案で示しました権利濫用の成否を考慮するポイントとして挙げているものを簡単にご紹介しますと，①血縁関係のない子と戸籍上の親との間に実の親子と同様の生活実体があった期間の長さ，②判決をもって実親子関係の不存在を確定することにより当該子が被る精神的苦痛，経済的不利益，③改めて養子縁組の届出をすることにより戸籍上の親との間に嫡出子としての身分を取得する可能性の有無，④当該親子関係不存在確認請求がされるに至った経緯及び請求をする動機，目的，⑤実親子関係が存在しないことが確定されないとした場合に訴えを起こした者以外に著しい不利益を受ける者の有無等，であります。

　こうした諸事情を総合考慮の上親子関係不存在を確定することが著しく不当な結果をもたらすものといえるときは，当該確認請求は権利の濫用に当たり許されないとしたものでありました。

　請求が「権利の濫用」に当たり許されないということは真実と異なる戸籍の記載がその反射的効果として確定するということでありますから大変大きな意味をもつものといえるかと思います。

　繰り返しになりますが，権利の濫用の法理と申しますのは，ある権利の存在を否定するわけではありません。権利の存在を認めた上で，一定の場合にその権利行使の効果の発生を認めないという理論であります。極めて例外的に用いられる手法であります。

　親子関係存否確認訴訟でこうした法理論が用いられるようになってきたことはその要件の厳格さは別としまして大いに注目すべきことであろうと思います。

　以上嫡出否認の訴えと親子関係存否確認の訴えについて基本的な

ところをお話してまいりました。

4 終わりに

さてお約束の時間も参りましたのでこの辺で終わりたいと思います。戸籍行政の運営をめぐりましては時代の変遷とともにいろいろと難しい問題が出てきているように思います。関係する法律の拡がりとその内容の高度化，複雑化ということもあります。皆さんのご苦労も大変かと思いますがますますのご研鑽とご活躍を祈念して拙いお話を閉じたいと思います。終始熱心にお聞きいただきましたことに感謝いたします。

注記

沖縄関係の戦災による滅失戸籍の再製整備等に関しては特に下記の資料に負うところが大きい。多くの資料の提供をいただいた（株）テイハン編集部の皆さんに心からお礼申し上げたい。

① 大湾朝謙「沖縄戸籍の整備について」戸籍誌533号15頁以下

② 金城唯正「沖縄の戸籍物語(1)－戦災からの歩み－」戸籍誌479号57頁以下

③ 横山　實「戸籍法施行50年に寄せて－私の戦後戸籍物語－（上）」戸籍誌669号5頁以下

④ 田代有嗣「沖縄復帰にあたって」戸籍誌311号1頁以下

⑤ 福富富男「沖縄の復帰と戸籍事務」戸籍誌311号5頁以下

戸籍誌865号（平成24年1月）所収

市区町村における戸籍行政運用上の留
意点断片─管理者的視点から─

本稿は，平成24年1月19日に法務省で開催された平成23年度
市区町村戸籍事務従事職員管理者研修（戸籍主管課長中央研
修）での講演に加筆修正したものです。

1 はじめに

　ご紹介いただきました澤田でございます。本日は「市区町村にお
ける戸籍行政運用上の留意点断片─管理者的視点から─」というテー
マでお話させていただきたいと思います。

　少し大仰なタイトルで私のハートとは必ずしもフィットしており
ませんが，要するに意図しておりますことは，もし仮に私が皆さん
と同じ立場に置かれたとしたら，どんな問題意識をもってその職責
を果たそうとするだろうか，とまあそんな感覚で考えているところ
を少しお話してみたいということであります。

　さきほどご紹介いただきましたように，少しばかり戸籍行政にタ
ッチし，また，大学に転じましてからも，家族法あるいは戸籍法に
関わる問題などにも関心をもって研究教育してはきましたが，しか
し，誠に拙い知見が基礎になっておりますから，いずれも皆さんが
とっくにお考えになられたり，実践されていることばかりの内容に
なるかと思います。

　従いまして，このようなテーマについて，私が何か特別なアイデ

アを持っていて，それを皆さんにお話するというような僭越なことを考えているわけではありません。そして，お話する内容はまさに断片的なものになるかと思います。

　当然のことでございますがお話する内容はすべて私個人の考えていることでもありますのでその点もお含みおきいただきたいと思います。よろしくお願いいたします。

　お手元に今日お話したいと考えております要点を含めましたレジュメが配布されているかと思いますがそれに沿ってまいりたいと思います。

② 管理者的視点で見る留意点

1　戸籍行政執行の主体としての「市区町村」の法的位置づけの再確認について

　まず最初にある意味で最も根源的な問題を取り上げてみたいと思います。それは戸籍行政執行の主体としての「市区町村」の法的位置づけについてであります。

　皆さん既にご承知のとおり平成11年にいわゆる地方分権推進一括法が成立し，平成12年4月から施行されております。

　この改革は地方分権の拡大・推進という大きな目的が中心となっているものでありますが，戸籍行政を考える上からも大変大きな意味を持つものでありました。既に施行から11年余が経過しておりますから必ずしもタイムリーな話題ではないようにも思われます。

　しかし，戸籍行政の基本的な拠点といいますか立脚点という側面から見ますと改正前と比較しまして戸籍行政執行の主体としての「市区町村」の立場は明治初年以来続いてきた体制とは制度的にも

理念的にも大変大きな変化をもたらしたものであると思うわけであります。

　従いましてこの点についての改革の趣旨とその内容等について管理者として改めてその意味合いを再確認することは，戸籍行政の運用を考えるに際し，その出発点として，最も根源的な事項として意義あることではないかと考えております。

　もちろん皆さんにはまさに「いわずもがな」のことであるということを十二分に自覚した上で少し触れさせていただきたいと思います。

　この改革がなされますまではご承知のとおり戸籍事務は国の機関委任事務として，その事務処理を国の機関としての市町村長に委任するという，いわゆる機関委任事務として処理し，国がこれを監督するという制度設計がなされておりました。

　このような体制は明治31年戸籍法以来確立されておりました。このような体制を採るに至りましたのには二つの理由がありました。一つは，このような処理体制が明治初年以来，市町村長（あるいはそれに相当すると考えられる者）が担当してきたという歴史的経緯であります。今一つは，身分関係の登録・公証という戸籍事務の性質からみて，国民と最も密接な関係（利便性，親近性等）にある市町村長の所管とするのが適当と考えられたことであります。

　ただ，その理論的位置づけにつきましては，国の機関としての市町村長に委任する，つまり，市町村という団体に委任するのではなく，市町村長という職にある人を国の機関として位置づけるという形式を採ってきたわけであります。つまりは，戸籍事務は国の事務に属し，地方自治体の事務ではないと理解されてきたわけでありま

す。

　そのような体制が1世紀以上続きました。このような体制におきましては，その結果として，国の包括的な指揮監督権が認められておりました。そうしますと，どうしても国と委任されている国の機関（市町村長）との間には主従の関係が生じ，市町村における主体的な事務処理を妨げる要因ともなっていました。これはもちろん戸籍事務に限りませんで他の機関委任事務でも同じことがいえるかと思います。

　しかし，他方で，地方分権推進・拡大という流れが時代の変遷と地域のニーズ等に応じて地方からの強い意思として拡がってもおりました。国の地方政策もそれに沿う形で進められてもおりました。

　かくして，平成11年の地方分権推進のための改革を見るに至ったわけであります。その重要な内容の一つとして，戸籍事務も含めまして機関委任事務は全て廃止するという抜本的な改革がなされたわけであります。

　改革ないし改正の内容は今更申し上げるまでもなく皆さんのほうがお詳しいのでありますが，念のために主たるポイントを簡単に挙げておきたいと思います。

　第一は，機関委任事務制度の廃止により，新たな国と地方自治体との間における基本的な役割分担が図られました。その結果，地方公共団体の処理すべき事務は「自治事務」と「法定受託事務」に再構成されました。戸籍事務は「第1号法定受託事務」として規定されました（地方自治法第2条9項1号・戸籍法第1条参照）。第1号法定受託事務とは「本来国が果たすべき役割に係るもので，国においてその適正な処理を特に確保する必要がある事務」と定義され

ております。受託という名称が使われてはおりますがその名称にもかかわらず国の事務が委託の結果，地方公共団体の事務となったと観念されているわけではありません。まさに，地方公共団体の事務と位置づけられているわけであります。ただ，その事務の性質上（とりわけ全国統一的処理の必要性等），ある範囲での国の関与は不可欠なものといえるかと思います。しかし，その関与の内容は大きく変化しております。

　そこで第二に，地方公共団体の事務と規定された以上は，国との関係も必然的に相応に改める必要があります。その結果，地方公共団体は，その事務処理に関し，法律又はこれに基づく政令によらなければ国の関与を受け，又は要することとされることはない，とされたわけであります（地方自治法第245条の2参照）。いわゆる国の関与の法定主義と呼ばれている原則であります。

　第三は，国が関与する場合の基本原則であります。それにもいくつかありますが，最も重要なことは，国が関与する場合も，その目的に必要最小限度のものとするとしていることであります。加えて，その場合には，地方公共団体の自主性及び自立性に配慮しなければならないとしております（同法245条の3参照）。

　戸籍事務につきましても，こうした改革の趣旨に即しまして国の関与の具体的内容が戸籍法令なり関係通達等によって示されていることは皆さんご承知のとおりであります（戸3条・平成12・3・15民二第600号民事局長通達等参照）。

　要するに戸籍事務の運用・処理に関し，それが地方公共団体の事務として位置づけられ，その結果，国の包括的指揮監督権は否定され，地方公共団体が自主的・自立的に運用することの法的環境が整

備されたわけであります。

　昨年（平成23年）12月に東京の豊島区で虚偽の養子縁組を防止する対策を盛り込んだ暴力団排除条例が成立したというニュースが報道されましたが，このような戸籍事務の取扱いを含む条例が成立したということもこの改革により可能となった一つの象徴的な事象といえるかと思います。

　例えとしては適当ではないかも知れませんが，戸籍事務につきましても，改正前の市区町村の立場は「借家人」的立場であったものが，改正後は「所有者」的地位に変化したというようにもいえるかと思います。そして，その変化は，本質的であり，かつ，画期的なものであるといえるかと思います。

　次なる課題は，この制度上の変化に魂を入れる作業であろうと思います。およそ法律の制定なり改正は，問題とされた事項の改革へのスタートではありましても決してゴールではないことが多いと思います。

　従って，改革の成否はその後の運用如何に係っている場合が多いと思います。おそらく皆さんの手によって着々とそのような方向に向かって進展しているのであろうと思います。

　ただ1世紀以上にわたり機関委任事務としての処理体制に基づく運用が国のほうにも市町村側にも深く蓄積されてもおりました。そのためそのことが意識改革への，手かせ，足かせ，になっている面もあるかと思います。

　その意味でもなによりも大きな意味を持っていると思いますのは皆さんのような管理監督の立場にいらっしゃる人々によってこの改革の趣旨・理念が認識され，しかも，それを担当職員の皆さんに徹

底していただくことであろうと思います。そのことがひいて職員の皆さんの執務のありようにも大きな影響を及ぼすことは明らかであろうと思います。

　一つ一つの事件処理にこの改革の趣旨が裏づけとなって表れることが大いに期待されているわけであります。このことはもう皆さんには自明のことであると思いましたが改めて地方分権推進の意義を再確認するという意味であえて触れさせていただきました。

2　戸籍事務の高度の法的専門性に関する認識について

　次に戸籍事務の有しております高度の専門性についての認識の重要性についてであります。皆さんもお感じになっているかと思いますが，最近の戸籍に関する事務の内容は極めて高度化し，複雑化し，法律の執行業務としては大変レベルの高いまさに専門性が大変顕著になっているといえるかと思います。

　もちろん身分関係の登録・公証という戸籍事務の性質上，身分関係等を規律する実体法である民法等の規定が執務上拠るべき主要な法令として存在していますから職務の専門性は当然といえば当然のことではあります。

　しかし，最近はその手続法である戸籍法あるいは渉外的身分関係事件の処理に関わる法の適用に関する通則法などもその内容は大変ハイレベルなものになっているように思われます。

　私が戸籍行政に関わりましたのは昭和40年代の後半と昭和50年代の後半の一時期でありましたが，そのころと比較しましても，民法，戸籍法の分野はもちろんその他の関連する法分野におきましても当時は考えられなかったような問題なり事案が頻出しております。また，立法の面でも，新しい法律の制定，既存の法律の改正等も頻繁

であります。

　例えば，性同一性障害者の性別の取扱いの特例に関する法律の成立でありますとか，国籍法の改正，新人事訴訟法の成立等に加えまして最近も民法の一部改正（親権関係）やさらには家事事件の手続を抜本的に改める家事事件手続法も成立しております。

　また，時代の変遷と人々の意識の変化，価値観の多様化というようなことが背景となって戸籍実務の分野にも大きな影響を与えそれが様々な行政施策となって表れてもおります。

　平成19年の戸籍法の一部改正による公開制度の改正でありますとか，届出の真正を確保するための措置を盛り込んだ改正などもそれでありますが，これらの改正内容も改正前と比較しますとその内容は精緻かつ詳細を極めておりまして，それらの理解には「なまなか」の知識では対応は難しいものになっているように思います。

　加えて，通達等の中にも，例えば，婚姻の解消又は取消し後300日以内に生まれた子についての出生届の取扱いでありますとか，養子縁組の届出に関する取扱いなどの案件についての指針が示されていますが，いずれもその適切な運用には高度の専門的知識を必要としているように思われます。

　地方公共団体の事務には税務事務，保険事務，年金事務など住民の皆さんに直接的に関わる多くのお仕事がありますが，これらの事務と比較しましても，戸籍事務の専門性は，その対象が人の身分行為，身分的事実，そして，それらに係る戸籍情報の管理等に及ぶという，範囲の拡がりとその内容の深さと多様性という側面からもより高い専門性を有することは明らかであるといえるかと思います。

　そして，このような戸籍事務の持っております性質の理解・認識

が事務処理体制の充実化に向けての礎になるものであろうと思います。とりわけ，ここでも，皆さんのような管理監督の立場にいらっしゃる方々によってそのような理解・認識がなされることが大きな意味を有するものと思います。それは同時に理事者の戸籍事務に対する理解・認識に繋がることはもちろんのこと，担当職員の皆さんの執務にも直接的に関わってくるものであろうと思います。

　人の配置，人の養成，組織の安定的基盤の確立といった側面からもこのような戸籍事務のもつ本質的性質をとらえることが非常に重要な前提的視点となっているというのが今日の戸籍行政の置かれた一つの特質であると考えまして少し感想を述べさせていただきました。

3　戸籍行政の趨勢の把握の重要性について

　次に戸籍行政の趨勢，つまり動向を把握するということが管理者的視点としても大変意味あることではないかと考えております。これまた「釈迦に説法」の類いの話になりますが，所掌事務を適切に管理するための基本的要素の一つは，その事務が今どのように展開しているか，そこではどんな問題点があり，どんな問題が提起され，それらについてどんな対応策が採られているか，あるいは，採られる必要があるのか，というようなことを考える時には，まず事務処理ないしは事務処理体制等の現状を把握することが前提となるものであろうと思います。

　それは同時に，担当職員の皆さんに対する指導監督のポイントを掴むという側面からも欠かせない視点であろうと思います。

　戸籍行政の趨勢，動向を直接的に示すものとして皆さんもご承知の「戸籍事件表」というものがあります。これは毎年各年度の取扱

事件数等をまとめたものであります。ちなみに毎年全連の機関誌で
あります「戸籍」誌の１月号に民事局の係官が「戸籍事務概況」と
して分析されたものが掲載されておりますからぜひご覧いただきた
いと思います。

　そこで，ここでは全国的な趨勢，動向ということで平成22年度の
数字を参考にしたいと思います。これを見ておりますといろいろな
ことを読み取ることができるように思います。そして，ここでの傾
向といいますか動向は皆さんのところの固有の事件数等の傾向とそ
んなに大きく異なるものではないのではないかと思います。もちろ
ん地域的な差というものもありますが一般的な傾向としてはそう大
きな差はないとみてよいかと思います。いくつかの点についてみて
みたいと思います。

(1)　届出事件の特徴と留意点

　　まず届出事件の特徴的動向であります。特にそれぞれの届出
　事件が事件全体の中でどのような位置づけになっているかとい
　うことであります。事件表に計上されております事件の種類は
　30種類ぐらいあります。多いですね。

　　ところで，これらの届出事件の中で件数の多いもののベスト
　５を皆さんご存じですか。

　　レジュメにも書いてありますがまず死亡届ですね。続いて，
　出生届，婚姻届，転籍届そして離婚届の順であります。この５
　つの届出事件だけで平成22年度は3,751,770件となっており，全
　体の件数4,464,122件の84％を占めております。

　　つまり，100件の届出事件があればそのうちの84件はこの５
　つの届出事件が占めているということであります。この傾向は

おそらく皆さんのところの固有の傾向ともそんなに違わないのではないかと思いますがどうでしょうか。

　そうだとしますと，届出事件の処理に関してはこの５つの事件処理に圧倒的なエネルギーが費やされていることになります。このことは職員の皆さんにはまずはこの５つの事件処理についてのノウハウをしっかり理解してもらうことの必要性を意味しております。

　このうち，死亡届と転籍届につきましてはそんなに問題はないと思います。少なくともこれらの事件処理について実体法上の要件がからむという問題はありません。

　もちろん死亡届に関して申しますと，人の死亡は，人としての権利義務の主体としての権利能力が消滅し，相続開始の原因となり，また，婚姻関係が解消するなどの民法上重大な影響を及ぼすという意味合いはありますが，しかし，事件処理そのものは比較的容易であろうと思います。

　ただ，東日本大震災の際の行方不明者に係る死亡届事件のようなケースになりますといろいろ困難な問題が生じてまいります。死亡届の処理で一番キーとなりますものは「死亡の事実を証すべき事由」の判断であろうと思います。死亡診断書や死体検案書などが添付できないような場合が問題であります。このような場合の対応についても参考となる通知が出ておりますからこの機会によく論点を吟味しておくのも意味あることと思います（平成23・6・7民一第1364号民事第一課長通知・戸籍誌857号73頁以下参照）。

　転籍届は純然たる戸籍法上の届出でありまして戸籍の所在場

所である本籍を移転するものであります。同一市町村内での移転と他の市町村に移転する場合がありますが，あまり問題はないかと思います。ただ，他の市町村に移転する場合の転籍後の戸籍に移記すべき事項（戸規37条参照）については留意する必要があろうかと思います。つまり，一定の事項は移記を要しないこととされているわけであります。

　他方，出生届，婚姻届，離婚届の処理は手続法的観点からだけでなく，実体法上の観点からの要件等の理解が欠かせない前提要件となっておりますからこれらについては実体法上の要件などの基本をしっかりと掴んでおく必要があります。この３つの届出事件だけでも全体の45％を占めております。

　出生届に関しましては，その処理は住民票の作成と連動いたします。時折この関連で，住民票はあるけれども戸籍の記載がないとか，その逆のケースもあって問題とされることを報道等で目にいたします。

　また，非本籍地で受理した届書等が本籍地に未送付（あるいは未着）で戸籍の記載が長い間なされていなかったため国家賠償請求事件に発展したということも仄聞いたします。この点につきましては既に平成７年に届書等が送付先の市区町村に到達したかどうかを確認する取扱いを積極的に推進する旨の通達も出されているのは皆さんもご承知のことと思います（平成７・12・26民二第4491号民事局長通達参照）。

　それから，これはまた後で少し触れたいと思っていますが，戸籍の記載（記録）の事務処理過程における過誤をもたらす結果となる対象もこの出生届の処理にからむ場合が多いようであ

ります。正確な記載（記録）は全ての事件処理に際して等しく求められるものではありますが，出生届の場合は「人」が最初に戸籍に登録されるものでありますからとりわけ慎重かつ正確な処理が必要であろうと思います。

　まあそういう個別的な事柄はともかくとしまして，出生届の処理で一番留意する必要がありますのはやはり民法第772条を中心とした実親子関係の成否等に関する規定の基本的なところを早い段階で担当職員の皆さんが理解されることであろうと思います。

　関係する条文の解釈，実務の採る解釈，重要な裁判例，戸籍先例など，なかなか一朝一夕でというわけにはいかないと思いますが，適切な処理をするためにはどうしてもクリアしなければならない事柄であります。そのためには職員の皆さんが自分で学ぶことができる環境，例えば，関係図書の整備，判例集，先例集などの整備にもより配慮する必要があろうかと思います。

　出生届及びこれに関連する分野におきましては重要な通達なり通知も大変多いように思います。比較的最近もいくつか出ております。

　レジュメにも書いてありますが，例えば，嫡出でない子の戸籍における父母との続柄欄の記載についての通達（平成16・11・1民一第3008号通達），これは，従前，嫡出でない子の戸籍における父母との続柄欄の記載については，「男」「女」という表示がされていましたが，これを父の認知の有無にかかわらず，母との関係のみにより認定することとし，出生順に，「長男」「二女」というように記載することに改められたものであ

りました。

　さらに，この通達に関連しますが，嫡出でない子の戸籍における父母との続柄欄の記載の更正及び訂正並びに申出による戸籍の再製についての通知（平成22・3・24民一第730号通知），これは既に「男」「女」という続柄記載がなされている子についてその記載を改正後の記載方法に即したものに更正する申出手続，さらには，その更正した戸籍の再製申出手続等についての指針を示すものでありました。

　また，嫡出でない子の出生の届出に当たり，届書の「父母との続き柄」欄の記載等がされていない場合の対応に関する通知（平成22・3・24民一第729号通知）も出ております。窓口での無用の摩擦を避ける意味でも本件通知の内容をしっかり把握しておくことが必要であろうと思います。

　それと今一つ例の「婚姻の解消又は取消し後300日以内に生まれた子の出生の届出の取扱いについて」と題する通達（平成19・5・7民一第1007号通達）があります。社会的にも大きな関心を呼びました。これはまた後で少し触れたいと考えています。

　重要なことはこれらの通達なり通知の内容はもちろんでありますが，その通達・通知の背景にある問題点，経緯等を押さえておくことであろうと思います。

　その上で，これら一連の通達等による措置は，決して一過性のつまりある問題の一時的な対応策に止どまるものではなく，今後も継続して届出，申出等がなされる可能性がある事案であるということ，そして，これらの問題はいずれも当事者はじめ

関係する人々が事柄をセンシティブ（敏感）にとらえる性質の問題でもあること，つまりは，プライバシーとも絡む問題でもあるということ，などに留意する必要があろうと思います。ですから対応にもそれなりの配慮が求められているかと思います。

　いろいろ申しましたが出生届は多くは定型的な処理で問題はないのであろうと思いますが仮にそうだとしましても全ての事件処理には実体法上・手続法上の法的裏づけが必要でありそれを踏まえての処理であるという自覚的な姿勢が大事なことであろうと思います。

　つまりは民法の親子関係に関する規定との関連を意識して処理することの積み重ねがひいて，いろいろな内容の出生届の的確な対応を可能にするものであろうと思います。

　なお，この出生届の受否に関連する裁判で昨年（平成23年）11月30日付けで最高裁の決定がありました。これは例の「300日」問題の通達による扱いとも関連する事案でありました。つまり，離婚後300日以内に生まれた子を前の夫の子と推定する民法第772条の規定を根拠に，離婚後再婚した現在の夫との間の子としての出生届を受理しなかったのは憲法の法の下の平等に反して憲法違反であると主張していた事案であります。

　本件は，子の懐胎が離婚前でありましたから先ほどの通達による扱いには馴染まないケースでありますが，「妊娠の時期つまり婚姻解消前の妊娠か後の妊娠かで区別するのは不合理な差別」と主張していたものでありました。一審の岡山地裁は「民法第772条の規定には一定の合理性があり，憲法違反ではない」として請求を棄却していました。二審の広島高裁岡山支部も一

152

審の判断を支持していました。最高裁もこれを是認したということであります。

　次に婚姻届事件であります。これも婚姻要件の充足の有無という実体法上の要件審査が必要ですからその面の理解が不可欠の前提要件となります。民法にも，婚姻の届出は，その婚姻が民法の規定その他の法令の規定に違反しないことを認めた後でなければ，受理することができないとしています（民740条参照）。

　婚姻届出事件での誤った処理というのはあまり聞きませんが数年前に婚姻適齢を誤認して夫となる男性が17歳である届出を受理したという事案が報道されたことがありました。いわゆる「取り消し得べき婚姻」であります。まあレアケースであろうと思います。

　それから離婚届事件であります。年間25万件ということであります。戸籍の処理としては復籍等の処理を伴いますがそう難しい問題はないと思いますが，この届出との関連でむしろ注目すべきはいわゆる「婚氏続称届出事件」（事件表では戸籍法第77条の2の届出となっています）であります。

　ここ数年ずっと年間10万件前後で推移していまして依然高水準を維持しています。

　この婚氏続称届出制度と申しますのは皆さんもよくご承知かと思いますが，要するに婚姻の際に氏を改めた夫又は妻（ほとんどは妻でありますが）は，離婚した場合，離婚後も離婚の日から3か月以内に届け出しますと離婚の際に称していた氏を称することができるというものであります（民767条2項参照）。

153

昭和51年の民法の一部改正で創設されたものであります。その手続規定が戸籍法の第77条の2に規定されているわけであります。

　この制度の利用者が多いんですね。平成22年度は9万8千件あまりであります。離婚件数に対する割合で申しますと約40％つまり離婚届2.5件に1件の割合でこの届出がされていることになります。

　どうしてこんなに多く利用されているのか。理由はいろいろあるかと思いますが，考えられますのは，離婚しますと離婚により復氏した夫又は妻は子どもと「氏」が異なることになります。このうち特に離婚後に親権者となるような母親は生活上の便宜等から離婚後も子と同じ呼称の「氏」を称することを望む人が多いということがあります。そのほか，職業上の理由でありますとか，離婚した事実をあまり公にしたくないというような理由もあるかと思います。

　余談でありますがこの届出に関連して時折窓口での対応が後にトラブルになったという話を以前耳にしたことがあります。最近はあまり聞きませんのであえてご紹介することもないと思いますがご参考までに簡単に触れておきたいと思います。

　それはこの届出をするのは多くは女性でありますが窓口でこういう質問をするんだそうであります。「自分は婚氏続称の届出をして離婚の際に称していた氏を称するけれども，そのうちいろいろ事情の変化とか気持ちの変化とかでまた婚姻前の氏つまり実方の氏を称したいと考えるようになるかも知れないが，その場合の氏の変更は問題ないですね」という趣旨のものが多

いようであります。

　そういう場合に「ああ大丈夫ですよ。心配いりません」などと答えるケースがあるんだそうであります。もし，仮にそういう事例があるとしますと，それは少しこの問題に対する理論的カバーが欠けている結果なのかなという感じがいたします。

　もう皆さんはよくご承知と思いますが，結論を先に申しますと，婚氏続称の届出をした後で婚姻前の氏に変更したいというときは，改めて戸籍法第107条第1項の規定に基づき家庭裁判所の許可を得た上で氏の変更を届け出る必要があります。つまりは家庭裁判所が氏の変更について「やむを得ない事由」があるかどうかを判断するわけでありますから事案によってはそれが認められる場合もあれば否定される場合もあり得るということであります。婚氏続称届をした後の婚姻前の氏への変更の申立てに関する審判の動向を見ますと，濫用的申立て，恣意的申立て，などでない限りは基本的には認められているといってもよいかも知れません。しかし，仮にそうだとしましても常に認められるとは限りませんから，家裁の許可の可能性について断定的に述べるのは慎重にしたほうがいいかと思います。もちろん手続等についてはしっかり説明してあげることが必要であろうと思います。

　氏の問題をめぐりましては，民法上の氏と呼称上の氏といういささか一般の人々には理解しにくい問題もありますが，この婚氏続称届によって称することとなる氏は呼称上の氏と位置づけられています。この制度が民法の離婚復氏の原則（民767条1項・同771条参照）を前提にしたものとして制度設計がなさ

れていることからもそのように理解できるかと思います。

　なお，氏の変更につきましては民法の第791条にも規定がありますが，こちらのほうは民法上の氏の変更に係る規定であることもご案内のとおりであります。

　いずれにしましても，この婚氏続称届をめぐる問題は，離婚届に随伴して利用率が高い届出として留意すべきものでありますが，同時に，婚姻中の戸籍に残してきた子とこの届出をした親（母親）とが戸籍を同じにする方法でありますとか，さらには，今お話しましたようにこの届出をした後で改めて婚姻前の氏に変更するというような問題がチェーンのように繋がっている問題でもあります。従って，それぞれの場合の氏の性質論とその適用場面などについて戸籍実務，家裁実務の採る立場をシステマティックに理解しておくことが有益ではないかと思います。

　以上ベスト5の届出事件を中心にみてまいりましたがこれらの届出事件の占める重要度が極めて高いという意味で触れさせていただきました。

(2)　戸籍・除籍情報の公開と留意点

　次は戸籍・除籍情報等の公開・公証についてであります。これにつきましても皆さんご承知のとおり平成19年4月に個人情報保護の強化という観点からの改正がなされまして平成20年5月から施行されております。施行から間もなく4年になろうとしています。

　この戸籍情報の公開につきましては昭和51年に国民のプライバシー保護の観点からの改正がありました。しかし，以後30年

の期間が経過していましたが，その間には，自己情報を他人に知られたくないという国民の意識の高まりを背景として個人情報保護の社会的要請が強まってもおりました。他方で，他人の戸籍情報，住基情報等を不正に取得するという事件も発生・発覚したこともあり，戸籍の公開制度をもっと厳格なものに改めるべきであるという要望なども関係各界から出されてもおりました。このような事情を背景として改正がなされたわけであります。

　もちろん戸籍情報の公開・公証の必要性・有用性という制度の本来的存在理由も重い意味を持っておりますからそれと戸籍情報の保護といういわば対立した契機を巧みに調整した内容の改正がなされたものであると理解しています。

　ただ，その内容は皆さんもご承知のとおり改正前の規定と比較しますと極めてハイレベルなものになっていると思います。それは法令の関係規定なり関連する通達等の内容をご覧いただければ明らかであります。戸籍法の第10条の2のいわゆる第三者請求に係る条文などは読むだけでもかなり骨の折れる内容となっています。

　改めて改正の内容をお話する必要はないと思いますが，改正前と比較して何が変わったのか，端的にいくつかの点を結論的に申し上げてみたいと思います。

　第一は，請求の主体について，二つの系統に分けまして（戸10条，同10条の2参照），一つは，「戸籍に記載されている者等による請求」であり，今一つは，それ以外の「第三者による請求」であります。そして，戸籍に記載されている者等による請

求の場合には，請求の理由を明らかにする必要はない，とされたことであります。つまり，この場合は戸籍情報取得について社会的妥当性が普遍的に存在するという認識があったのであろうと思います。

　第二は，第三者請求に係る場合の交付要件を改正前の規定のように「不当な目的」というような包括的な形ではなく，より明確かつ具体的なものにしたということであります。

　例えば，自己の権利を行使し，又は自己の義務を履行するために戸籍の記載事項を確認する必要がある場合などと規定したことであります（同10条の２第１項第１号参照）。

　第三は，この交付要件の存在を認定するために交付請求書上に記載が必要とされる類型的事項を明示したことであります。例えば，自己の権利を行使するため，というなら，どんな権利がどのように発生したのか，その原因及び権利の内容並びにその権利行使のためになぜ戸籍記載事項の確認を必要とするのか，などの審査に耐え得る具体的な理由の記載を必要としていることであります（同10条の２第１項第１号参照）。

　第四は，第三者請求の範疇に入る形態の一つとしての弁護士等による請求について，原則的規律と例外的規律をしているということであります。交付請求書の内容という面から見ますと受任事件等の依頼者の氏名や受任事件の詳細を明らかにする必要の有無という点にその区別が表れています。その区別の基準的要素となっているのは「受任事件に紛争性」があり，紛争処理手続の代理業務を遂行するために必要がある場合かどうか，という点にあるかと思います。

　第五は，請求者が明らかにしなければならない事項を明らかにしていないと認めるときは，請求者に対し，必要な説明を求めることができるとしていることであります(同10条の4参照)。

　第六は，交付請求の際の請求の任に当たっている者の本人の特定事項の確認手続が法制化されたことであります（同10条の3参照)。

　これらの規定は全て戸籍情報の保護及び不正請求防止の観点からの審査の万全を期するための規定であろうと思います。これらの関係法文から読み取ることができますことは，戸籍情報の公開について，特に，情報保護の必要性の高い第三者請求に係る部分については非常に厳格な規定ぶりになっているということであります。

　そこで，問題はこれらの規定に基づく運用をします場合に，例えば，交付の要件が，明確かつ具体的なものとされたとは申しましても，法律というものの性質上，それを「自己の権利を行使し，又は自己の義務を履行するため」と規定しましても，なお，一般的，抽象的な規定にならざるを得ません。権利・義務といっても結局はその具体的内容を吟味する必要があります。

　他方，皆さんの窓口に出てくる請求はそれぞれが個性を持っておりその内容も千差万別であります。当然のことながら，具体的な請求内容との関連で法令の掲げる要件該当性の判断が必要となります。この作業はなかなか大変なものであろうと思います。

　戸籍事件表ではいわゆる本人等請求と第三者請求という区分はされておりませんから年間4千万件という請求件数のうち有

料請求件数は３千２百万件程度でありますがその割合などはわかりません。しかし，少なくとも第三者請求に係る部分の案件については，いつでも交付の適否について検証することができるような工夫は必要ではないかと思います。改正の趣旨が貫かれるような不断の検証を伴うような対応がこれからも期待されるわけであります。

　最近も司法書士，元弁護士等による大がかりな戸籍情報等の不正取得事件が大きく報道されました。職務上の請求書の偽造によるもののようでありますが具体的な内容はよくわかりません。こういう不正請求を水際で阻止するのはなかなか難しいかと思いますが，世の中にはこうした違法行為・不正行為により他人の戸籍情報を求める需要が常に存在しているということを自覚しておくことは意味あることであろうと思います。

　この改正が審議会等で議論されていた際には，改正後は戸籍謄抄本等の交付をめぐるトラブルが多くなるのではないかと見られていたように記憶しております。それは改正内容に基づく運用にはそういうリスクが潜在しているという認識があったからであろうと思います。しかし，あまりそういう話を見聞しませんのは適正な運用がなされている証かも知れません。

　蛇足になりますが，適法な請求が拒まれることがあってはなりませんが，同時に，請求目的の適法性なり戸籍記載事項の確認を必要とする理由等について疑問なり疑念のある請求については安易に応じることなく慎重かつ厳格な審査が求められているように思います。窓口での請求者の態度等（威圧的態度，即成的要求等）からしての拙速な対応などは特に留意されるべき

であろうと思います。そのためにも法令の関係規定なり通達等の内容をしっかりとフォローしておくことが毅然とした対応には必要であろうと思います。

　いずれにしましてもこの問題は戸籍行政管理上の一つのキーポイントであると思います。皆さんも大変ご苦心されていると思いますが戸籍情報の適切な管理という側面から触れさせていただきました。

(3)　戸籍訂正事件の動向に見る留意点

　次は戸籍訂正事件の動向・内容からみた問題であります。戸籍訂正は戸籍の記載が当初から不適法又は真実に反する場合に，これを真正な身分関係又は身分的事実に合致させる手続であります。

　戸籍事件表では「訂正・更正」と区分されておりますが，ここでは「訂正」のみについて見てみたいと思います。

　平成22年度の戸籍訂正事件数を見てみますと全体で162,366件であります。21年度より少し減少しています。

　その内訳であります。レジュメにも書いてありますが，いわゆる申請による訂正に属するもののうち，家庭裁判所の許可審判に基づく戸籍法第113条・第114条によるものが1,213件，主としては人事訴訟の確定判決を得てする同法第116条によるものが1,540件であります。両者合わせますと2,753件でこの部分は21年度とほぼ同じであります。

　これに対し，戸籍法第24条第2項に基づく管轄局の許可を得てする訂正事件は11,919件で，これは21年度より4,000件余り増加しています。また，市町村長限りの職権訂正事件が147,694

件となっています。21年度より19,000件ほど減少しています。

　この数字を見ますと管轄局の許可を得てする訂正と市町村長限りの職権訂正事件を合わせますと159,613件となり，訂正事件全体の98％を占めております。市町村長限りの職権訂正事件だけでも全体の91％を占めております。ただ，市町村長限りの訂正事件は平成17年度以降で見てみますとずっと減少傾向を辿っているようであります。しかし，依然として高水準を維持しているといえるかと思います。

　あまり意味はないかも知れませんがこの数を単純に全国の市町村数で割りますと一市町村当たり84件となります。決して少ない数字ではないと思われます。

　戸籍訂正に関する戸籍法上の構造からもわかりますように戸籍訂正は戸籍法第113条，第114条及び第116条により，当事者その他の関係人からの申請に基づき裁判所の関与のもとにされるのを原則としており，戸籍法第24条2項の職権訂正はこの原則に基づく訂正申請が期待できない場合に備えて例外的・補充的に認められている簡易な手続であると解されております。

　ところが訂正事件数で見ますと今申しましたように管轄局の許可を得てする訂正事件と市町村長限りの職権訂正事件が圧倒的に多いことがわかります。いわば戸籍訂正に関する戸籍法上の原則と例外が現実の訂正事件数の上では逆転しております。

　このことは管理者的視点で見ましてもここには十分に関心が払われるべき実態が含まれているように思うわけであります。そこでこれに関連して戸籍法第24条の趣旨も含めまして簡単に触れておきたいと思います。

　戸籍の訂正は先ほども申しましたように戸籍法第113条ない
し116条の規定に基づいて関係者からの申請によることを原則
としています。その理由は，戸籍訂正は当該戸籍の関係人の身
分関係に重大な影響を及ぼすことがありますから，その訂正は
慎重に行わなければならないという観点から，まずは当事者あ
るいは関係人からの申請に基づいて裁判所の関与のもとになさ
れることが望ましいからでありましょう。これは同時に裁判所
が関与することによる訂正内容について，より正確性をも期し
ているといえるかと思います。

　しかし，そうは申しましても，常に関係人等からの訂正申請
が期待できるというわけではありません。そして，申請がない
からといって違法又は事実に反する記載を放置しておくわけに
もまいりません。

　そこで戸籍法24条は，皆さんのほうで戸籍の記載が法律上許
されないものであること又はその記載に錯誤若しくは遺漏があ
ることを発見された場合には，それが皆さんのほうの事務処理
過程における過誤によるものである場合を除いて，遅滞なく当
該記載に係る届出人又は届出事件の本人にその旨を通知するこ
とになっているわけであります。

　つまりこの通知は訂正申請することを促す作用を果たしてい
るわけであります。この通知に応じて関係者等が申請による訂
正手続を採られれば原則どおりの目的は達せられるわけであり
ます。

　しかし，中には，届出事件本人の死亡であるとか，行方不明
等で通知そのものができない場合もあります。あるいは通知を

しても申請する者がない場合もありましょうし，申請に応じない場合もあり得ます。このような場合には管轄局の許可を得て職権により訂正することができることになっています。戸籍法第24条2項本文の規定するところであります。先ほどの訂正事件の中の11,919件というのがこれに該当するものといってよいかと思います。

　それからもう一つは，戸籍記載の錯誤・遺漏が事務処理過程におけるミスによるものであった場合ですが，この場合に関係者に通知して訂正申請してもらうというのは論外でありますから，これらの場合も管轄局の許可を得て職権で訂正できることになっています。戸籍法第24条第1項但書，同条2項後段に規定するところであります。この場合も先ほどの11,919件の中に含まれているわけであります。

　これらの場合に管轄局の許可を要する趣旨はやはり事柄の性質上慎重かつ正確を期すということであろうと思います。

　戸籍法が考えた戸籍訂正の方法に関する構造は以上のようなものでありました。ところが，事務処理過程における過誤事例の中にはこのような本来のルールに係らせることが必ずしも妥当ではないと考えられるような事案が出てまいりました。つまりは，管轄局の個別の許可を要しないで市町村長限りでの職権訂正を妥当とすることもやむを得ないと考えられるような事案が現れてきたということであります。

　それが端的に示されております通達が昭和47年5月2日付民甲第1766号通達であります。レジュメにも書いてありますが要点だけ申しますと，戸籍記載の錯誤・遺漏等が事務処理過程に

おける過誤によるものであることが，①届書類によって明白であり，②その内容が軽微で，③訂正の結果が身分関係に影響を及ぼさない場合，にはその訂正については管轄局の個別の許可を要しないとするものであります。いわば管轄局の許可を包括的に与える取扱いをするというものであります。訂正事件の147,694件という数字の示すものがこれであります。

　通達が例示しておりますものは，出生の年月日の誤記，届出の年月日の誤記，父母との続柄の誤記，あるいは養子縁組の代諾者の資格又は氏名を遺漏したような場合であります。これらも本来は管轄局の個別の許可を必要とするものであります。

　しかし，こうした事例からも明らかでありますが，届書類によって，過誤であることが明らかであります。従って，訂正を要することも明らかであります。訂正すべき内容も明らかであります。訂正しても身分関係に影響を及ぼさない類いの事項であります。市町村長限りの職権訂正を是認する所以はそこにあります。

　もちろん職権訂正がこの通達に基づくものに限定されるわけではありません。しかし，統計に出ている市町村長限りの職権訂正事件のかなりの部分がこの通達なり個別の先例等で認められているものに該当するのではないかと推測されます。

　もし，このような理解・認識が誤りでないとしますとこれは適正な事務処理という側面からも一つの管理指導の大きなポイントといえるのではないかと思います。

　改めて申し上げるまでもないことでありますが，そこには基本的な二つのことが示されていると思います。一つは，これら

の訂正の対象から考えてこれらの過誤は極めて初歩的なケアレス・ミスに起因する事案ではないかということ，今一つは，そのような比較的単純と思われるミスが事務処理のプロセスで誰にもチェックされなかったこと，あるいは，できなかったということであります。

　そうだとしますと，この二つがクリアできればこの種事案は大幅に減少するであろうということであります。いわずもがなのことですが，戸籍の記載事項と届書記載事項との照合確認，別の担当者による複数の目によるチェックをするという体制が確立できればいいわけであります。これはまた正確な事務処理をする場合の基本的なプロセスであろうと思います。

　余談でありますが，最近は失敗学という学問分野があるそうであります。東日本大震災に関連して文字どおり未曾有の原発事故が発生しました。この事故から何を学ぶべきか，ということでいろいろな検証や議論がなされております。この失敗学の第一人者といわれております東大の畑村洋太郎名誉教授がある新聞紙上で大変興味あることを述べておられました。

　一般論として，人間には，三つの習性（ならい）があると。一つは，人間は，見たくないものは見ない，二つは，人間は，考えたくないことは考えない，三つは，人間は，都合の悪い事柄はなかったことにする，というわけであります。震災復興にしても，科学技術の立て直しにしても，人間がそうした都合のよい思考をすることを前提につくり直さなければならない，と指摘されていました。

　人間の習性（ならい）についてこういう指摘を受けますと私

など自分の振る舞いをずばり突かれているようで忸怩たる思いがいたしますが，しかし，この指摘は別に原発事故や震災復興だけでなく，およそいろいろな失敗から学ぶ場合の基本として受け取ることが可能であるように思います。

　また，「多くの負けから，より多く学んだ者が勝つ」，これは競馬の武豊騎手の言葉でありますが，この言葉も，失敗は避けられないものであるけれども，その経験から教訓を学び，自らを変化させ，進化を続けることが，成功への道であることを示しているものであろうと思います。

　いずれにしましても，過去のミスとか誤りを繰り返さないためには，やはり，そのミスなり誤りの内容，原因を知り，そこから教訓を学ぶことが大変大事であると考えることには誰にも異論はないと思います。

　そうしますと，当面の問題の場合もそれに正面から向き合って対応されているところは当然このような事案は減少するはずであります。

　そのような意味で訂正事件の内実の教えるところはまさに指導監督の一つのポイントとしてお考えいただければと思うわけであります。もし，問題が初歩的なケアレス・ミス，つまり，不注意による間違い，ということで軽く見てしまうということがあるとしますと問題であろうと思います。それはむしろ逆であって深刻に受け止めるべきであろうと思います。

　正確な身分関係を登録・公証することが戸籍制度の基本的使命でありますからその面から戸籍訂正事件の動向からの問題の一端についてお話しました。

4　職員の事務処理能力の向上について

　さて最後に職員のスキルアップといいますか事務処理能力の向上という問題について少しお話してみたいと思います。この問題も皆さん大変関心をお持ちのテーマであろうと思います。この研修でも協議問題などで取り上げられているようにも思います。それはやはりこの問題が戸籍行政の当面する非常に大きな問題の一つであるという認識があるからであろうと思います。

　既に申しましたように戸籍事務の高度の専門性ゆえにかなりの専門的知識と事務処理能力を身につけることが期待され要請されているわけであります。

　他方で，行政改革による職員の削減でありますとか，頻繁な人事異動による経験年数の短期化（全国統計では経験年数３年未満が約50％），他の事務との兼任者の増加（全国統計では約83％）等の状況があることは統計からも読み取ることができるわけであります。そうした状況が一層この問題への対応の重要性に拍車をかけていると思われます。

　それではどうすればよいのか。なかなか妙案はないと思いますが，結局は個々の職員のスキルアップ，執務能力の向上を図ることに尽きるように思います。

　そこで，ここでは二つの問題認識をお話してみたいと思います。いずれもごく当然の内容ではあり，皆さんが既に実践されていることであると思いますが少し触れさせていただきたいと思います。

　一つは，これは管理者としての職員に対する姿勢という問題であります。つまり，管理者としての皆さんがどのような姿勢で職員の皆さんと向き合っておられるかという視点であります。これは実は

職員の皆さんの立場からみましても管理者である皆さんがどういう姿勢で自分たちに対峙つまり向き合っておられるかということは大変大きな関心事であろうと思います。

当然のことでありますが，皆さんは多分そうだと思いますが，一般論として，管理者が事務処理体制の全般について強い関心と円滑な処理への期待を持っておられるということを示されることは，職員の皆さんにとってはなによりも「やり甲斐」「やる気」を感じる要因になることは明らかであろうと思います。

私の公務員生活を振り返ってみましても，そのような上司に恵まれたことが自分にとってどれだけプラスになったかわかりません。

いずれにしましても，スキルアップの基本は何よりも職員の皆さんがこの「やる気」「やり甲斐」を感じ，職務遂行へのモチベーションを上げることが出発点であろうと思います。

もちろんそのための手立てはほかにもいろいろあり得ると思います。しかし，基本に置くべきことは，職員をみるときにバイアスのかかった見方をしない，つまり偏った見方をしない，公平に接する，あるいは，実力本位の評価，人事を行うなどは皆さんのご理解されているところであろうと思います。これが第一であると思います。まあ，手段は多様であると思いますが，まずはこの「やる気」「やり甲斐」を感じてもらう，それがありませんと，なかなか物事を積極的に進めようとする目的意識は出てこないのではないかと思います。その上で，個々の職員の皆さんの実力を磨き，底あげするためにはどうしたらいいかということであります。

そこで第二の視点であります。繰り返しになりますが戸籍事務の適切な処理のためにはその背後にかなり高度の法的思考力が必要と

されております。このような状況を前提に考えますと，結論的なことを先に申しますと，個々の事務処理に際しての基本的姿勢として重要なことは，関係する法令を読むにしましても，関係する通達等に当たるにしましても，あるいは参考文献に当たるにしましても，いわゆる平面的思考ではなく，立体的思考を心掛けることであろうと思います。つまり，問題の本質的部分に立ち入らないで，表面だけ見て済ますのではなく，事柄をいろいろな角度から考えてみるということであります。

　これは何も戸籍事務だけではなく，他の事務でも同じかと思いますが，法律事務である戸籍事務の場合はよりそのような姿勢の必要性が高いということであります。

　誤解をおそれずに申しますと従来は戸籍事務の遂行に際してこのような認識がいささか不十分だったのではないかという感じがいたしますがどうでしょうか。

　法律事務の執行の一つの特色はその拠るべき法令（通達等含む）が極めて論理的に構成されているということが言えるかと思います。そのように論理的に組み立てられているものをツールとして職務を行うわけでありますから，それを読み解く時も立体的思考が必要ということであろうと思います。事柄を多角的に見るということであります。そういう姿勢があればどんどん「力」が伸びていくものであろうと思います。

　そのためには常に「なぜか」「根拠は何か」「趣旨はどういうことなのか」「なぜそうするのか」「なぜそうしてはいけないのか」という思考方法を習慣化することであります。

　このような「問いかけの姿勢」を習慣化することはその結果とし

て，その問いに対する答えを求めて「必要な知識」なり「その根拠・理由」を求めるという行動に連動いたします。この相乗作用が大きな効果をもたらすことになると思うわけであります。

　冒頭にもご紹介いただきましたように私は20年近く市町村の職員の皆さんが研修されるところで税務行政や住民行政に関わる問題についてお話する機会を持ってまいりました。

　その拙い経験から申しますと最近の研修員の皆さんは大変熱心であります。最初のころと比較しますとかなりの変化を感じております。特に女性の研修員の皆さんは熱心な方が多いように思います。なでしこジャパンではありませんがこれは顕著な傾向であります。

　そうした中でただ一つ強く感じましたのは，ある問題を提示しますとその問題に含まれている論点といいますか問題点のようなところに考えを及ぼす前にまず「結論」を求められる傾向が強いんですね。

　確かに実務と申しますのは結論の実行でありますから，それがどうなるかは大変大事な関心事であることは否定できません。ですからそのこと自体は全く正当なことであります。

　ただ，それに先行して「何が問われているのか」「問題点は何か」という視点をプラスしていただければと思うわけであります。そういう思考方法が身につきますと応用的事例にも対応できるようになると思います。

　これからの時代は単にカウンターの中での職務にとどまらず窓口における住民の皆さんからの相談なり質問なり疑問なりに出来うる限り丁寧に正確に説明できるようになることがますます期待されることになると思います。カウンターの外側にいる人から見ますとカ

ウンターの中にいる人はおそらく誰もがその道のプロだと思っているわけであります。それに応えるためにはそれなりの理論武装が必要であります。

このことは例えば，重要な法律改正の施行とか行政措置の実施とかに関連する通達等が出されますと，その中にその目的なり方法等についての住民の皆さんへの十分な周知徹底に配慮して欲しいという趣旨が触れられていることがままあることもご案内のとおりであります。それに応えるためにはこれらを平面的に受け取るだけでは円滑な対応は難しいのではないかと思います。

屋上屋を架すようで恐縮ですが比較的最近出されました一つの通達を例として「立体的な思考」でこれをとらえるということの意味を少しお話してみたいと思います。皆さんにはまさに「釈迦に説法」の類いの話でありますが少しご辛抱いただきたいと思います。

例の民法第772条の規定に関連して出されましたいわゆる「300日問題」に関連する通達「婚姻の解消又は取消し後300日以内に生まれた子の出生の届出の取扱いについて」（平成19・5・7民一第1007号通達）と題するものであります。

皆様はよくご承知と思いますが要するにその内容は，婚姻の解消又は取消し後300日以内に生まれた子のうち，医師の作成した証明書によってその子の懐胎が婚姻の解消又は取消し後であることを証明することができる事案については，民法第772条の嫡出推定が及ばないものとしての出生届つまり嫡出でない子又は後婚の夫を父とする嫡出子としての出生届として受理することができる，とするものでありました。

民法

> **第772条**　妻が婚姻中に懐胎した子は，夫の子と推定する。
>
> 二　婚姻の成立の日から200日を経過した後又は婚姻の解消若
> しくは取消しの日から300日以内に生まれた子は，婚姻中に
> 懐胎したものと推定する。

　通達とか通知は例外もありますが大体は必要最小限度のことしか書かれないのが普通であります。その通達等の理解に必要な知識等は既に知っておられるという前提でできている場合が多いと思います。従って，通達等の適切な運用に当たってはその通達等の文言だけでなくその趣旨・背景等を理解することが必要であり，そのために押さえておくべき事柄があるということであります。

　そこで先ほどの通達を理解するためのあくまでも一つのアプローチとしての意味でいくつかの点について触れてみたいと思います。

　まずこの通達を理解するための基本的事柄があると思います。それは，そもそもなぜこのような通達が出されるに至ったのかというその背景，経緯等を押さえておくことであろうと思います。それはなにも本件通達に限りませんで執務の取扱いの基本に関わるようなものに関する通達・通知等同じであります。

　皆さんにはいわずもがなのことかと思いますが，本件通達に即して申しますと，それは民法第772条の嫡出推定規定の解釈上の問題が絡んでいるということであります。

　つまり，婚姻の解消又は取消し後300日以内に生まれた子は民法第772条を形式的に解釈する限り，同条の「嫡出の推定」を受ける

子，ということになります。形式審査を基本とする戸籍実務の立場からしますとそのような子は通常の嫡出子出生届として処理するのが基本であります。

　そうしますと，例えば，婚姻解消原因の一つであります離婚の場合にこの理論をあてはめますと，実体は離婚後再婚した現在の夫の子なのに，その出生が離婚後300日以内であれば，第772条２項の規定により前の夫の子と推定されるわけでありますから，そのような内容の出生届としてしか受理できないことになります。その結果，戸籍にはこの子の父親として前の夫の名前が記載されることになります。

　そこで，そのような扱いは実体と異なるとしてそのような結果を受け容れることをよしとしない場合には出生届そのものを回避することになります。そうしますとその子は戸籍のない状態が続きます。それはおかしいのではないかというわけであります。

　いわゆる「300日問題」として世間で喧伝されましたのはこの点にありました。

　今念のために戸籍法令等のこの点に関わる構造的な内容を私なりに申しますと，最近はあまり強調されませんが出生届というのは14日以内（国外での出生は別）にすることが義務づけられています（戸49条）。それは出生という事実を可及的速やかに戸籍に登録すること自体が非常に重要な意味をもつものだからであります。そのことは，例えば，嫡出否認の訴えを起こした場合，つまり，妻の産んだ子は自分の子ではないと主張して訴えを起こした場合でさえ出生の届出をしなければならない（戸53条）としていることからも理解できるわけであります。生まれた子について無籍の状態にしておく

べきではないという趣旨でありましょう。同時に住民票の作成や的確な人口動態の把握という目的も関連しているわけであります。従って，この義務が履行されていれば戸籍のない子などは生じません。

　ただ，この義務を履行した場合でも，時としてその届出が実体的身分関係と異なる場合があるかも知れない。だからその時は嫡出否認なり親子関係不存在確認の裁判等により判決（審判）を得た上で，戸籍法第116条により戸籍訂正してくださいというのが本来戸籍法の考えていることではないかと思います（昭和24・7・6民甲第1532号回答等参照）。

　他方，そうは申しましても明らかに実体とは異なる出生届をするのは嫌だと。だから届出の前にあらかじめ裁判等で実体に合致した親子関係を認めてもらいその上で出生届をしようと考える人がおられるのも事実であります。それを阻止するわけにはまいりません。

　そこで戸籍実務も届出前に嫡出否認なり親子関係不存在確認の裁判等をして判決なり審判をもらいそれを添付して届け出をすれば，そのような場合には判決（審判）の認定するところによりその子を母の嫡出でない子又は後夫との間の嫡出子としての出生届として受理することができるという扱いを認めているわけであります（昭和48・10・17民二第7844号回答等参照）。これらの場合も皆さんのほうの形式審査でその子に嫡出推定が及ばないことを形式的・定型的に判断できるからであります。

　本件通達が出される前までは一応こうした考え方で戸籍実務は運用されてきました。

　ところが以上のような態度を貫くには若干問題となる場合が出てきました。それは，実体に合致した親子関係を出生届出の前に調停

なり裁判等の手続で明らかにしようとしてもそのような手続を採ることを求めることが当事者にとって大変酷な状況があるとか，あるいは過重な負担を強いることになるという場合（裁判手続等を採ることの困難性，精神的，経済的，時間的負担等）があるということであります。例えば，離婚紛争が長引いた場合には当事者間に深刻な感情的葛藤が残り，後婚の実親夫婦にとって前夫をまきこんだ裁判をすることは耐え難い負担でもありましょうし，前夫の協力も得られないというケースなどもありましょう。他にもいろんなケースがあり得ると思います。

　そこでそういう場合に何か行政的な措置でフォローすることができる部分がないかという視点から考えられましたのが本件通達でありました。

　そのアプローチとして，婚姻の解消又は取消し後300日以内に出生はしているけれども，その子の懐胎が「婚姻の解消又は取消し後」であるとしますと，それは民法第772条にいう「婚姻中に懐胎した子」には当たらないと解することも可能でありますから，その場合も「嫡出の推定が及ばないもの」という運用をしても第772条の趣旨に反することにはならないのではないかと考えられたわけであります。

　つまり，婚姻解消後の懐胎であることを証明すれば，民法第772条第2項の推定は破れ，結果として，同条第1項の推定も働かないというわけであります。しかし，これは解釈論として得られた結論であります。

　問題はそのような子を嫡出の推定の及ばない子としての出生届として扱うための戸籍実務の立場からの具体的な方法論でありました。

つまり形式審査のルートにどう乗せるかでありました。

　そして，その点については，現在の医学では懐胎の時期について極めて高い精度で判定することが可能であるとされていることから，医師の証明書によって懐胎の時期が婚姻の解消又は取消し後であることが定型的，形式的に判断，確認することが可能なケースに限り民法第772条の嫡出推定が及ばないものとして扱うという運用が策定されたわけであります。

　もちろん本件通達によりカバーされます範囲は限定的ではありますが，しかし，一つの前向きな措置が立法に依らずして行われたという意味でその意義はそれなりに大きなものがあると言えるかと思います。

　このように本件通達の背景・経緯には民法第772条の解釈上の問題と戸籍実務における形式審査の問題が分かち難く関わりあって存在しているということであります。

　少し長くなり必ずしも正鵠を射ていないかも知れませんがそのような事情と論理があったということであります。こうした理解がまず前提として必要であろうと思います。

　その上で，各論的に本件通達の意味するところについて，いくつかとらえ方のポイントを端的に提示してみたいと思います。

　まず一つは，「婚姻の解消又は取消し」という文言の具体的な内容であります。そんなことは常識であるというご指摘を受けるかも知れませんが，このような表現自体はその文言の法的に意味するところを一義的に表しているものではありません。

　婚姻関係の消滅原因には，婚姻の解消と取消しがあります。解消には，離婚による場合と死別による場合があります。離婚による場

合には，協議による離婚と裁判上の離婚があります。取消しは民法上の取消原因があるときに家庭裁判所に請求し合意に相当する審判又は判決により取り消されますとそれにより婚姻の効力が失われるものであります。

つまり「婚姻の解消又は取消し」という文言の中にはこれだけの意味が含まれているわけであります。従ってそれらを全て射程に入れておく必要があります。決して離婚の場合に限定されるわけではありません。

次に，今の消滅原因とも関連しますが「300日以内に生まれた子」という文言にも留意すべき点があります。これも一見なんでもないように見えますが大変大事なポイントの一つであります。本件通達による扱いの対象となる子の把握という点で重要であります。

具体的には「300日」をカウントする起算点に関わる問題であります。懐胎推定の終期に関わる問題と言ってもよいかと思います。

婚姻の解消原因については今申しました。離婚と死別があります。そして，離婚には種類があり，そのいずれであるかにより婚姻解消となる日は異なるものとなります。

協議離婚であれば届出の受理によって効力が生じ，その効力は届出時に遡及しますから（民764条による同739条の準用）届出がされた日が解消の日であります。この日が起算点になります。これに対し，裁判上の離婚の場合はどうでしょうか。調停離婚，和解離婚，認諾離婚の場合はそれぞれ調停の合意，和解，請求の認諾が調書に記載された日であります（家審法21条，人訴法37条，同44条）。審判離婚では審判があって後異議の申立てなく確定した日であります（家審法25条3項）。裁判離婚では判決が確定した日であります。従

って，これらの場合には婚姻解消の日は届出の日ではありません。

　婚姻取消しの場合は，審判による場合と判決による場合とで違います。審判による場合は合意に相当する審判に対し２週間以内に異議の申立てがないとき確定判決と同じ効力を有することとされておりますから（家審法23条・同25条），その日から300日以内となりますし，取消しが判決によって行われるときは，その判決が確定した日から300日以内となります。

　まあこれらは戸籍では裁判確定の日とか調停成立の日などが記載されておりますからそれに従っておれば誤ることはないと思いますが，しかし，理論的には今申しましたような理解を前提にして戸籍の記載を読む必要があるということであります。

　それから通達の文言にも注意すべき部分があります。本件通達による扱いをする場合の戸籍の記載例が示されております。それによりますと，この場合には，当該子の戸籍の身分事項欄に「民法第772条の推定が及ばない」旨の記載をすることとされております。

　なぜこういう記載をするように示されているのでしょうか。届出人等から「どうしてこういう記載をするのか」と問われたらどう答えるでしょうか。通達にはその理由は書いてありません。だからといって，通達でこういう記載をするように示されているからです，というのでは不十分です。どうしてこんな記載をするのだろうか，と問いかけることの意味がそこにあるわけであります。

　この点も皆さんには自明のことと思いますが，先ほども申しましたように，婚姻の解消又は取消し後300日以内に生まれた子については，原則は民法第772条の嫡出推定を受けるわけでありますから，そのような子は，婚姻解消時の夫の子として出生届をすることにな

っているわけでありますが，本件通達による扱いをする場合はその
例外的処理をすることになります。ですから，通達で示されている
記載は，そういう原則的扱いを受けるべき子について，誤って婚姻
解消時又は取消し時の夫の子としない記載をしたものではありませ
んよということを明らかにすることができるという趣旨であろうと
思います。

　繰り返しになりますが，本件通達による扱いをする場合は，戸籍
実務の立場からは「婚姻の解消又は取消し後300日以内に生まれた
子」の出生届の処理に関し，あくまでも例外的な扱いをする場合で
ありましょう。従って，ここでは，原則的な扱いによる場合との比
較を意識することの重要性を見ることもできるわけであります。

　もう一つ申しますと，例えば，添付されております医師の証明書
に記載してある懐胎の時期の最も早い日が「婚姻の解消又は取消し
の日」と同じ日であった場合は，本件通達による取扱いの対象とな
るでしょうか。これはあまり問題ないかと思います。このような場
合が「婚姻の解消又は取消し後の懐胎」に当たるかどうかがポイン
トであります。

　ほかにもあるかも知れませんが，少なくとも今申しましたような
点についての理解を前提に本件通達をとらえますと適切な運用がで
きるのではないかと思います。

　いろいろ申しましたが，率直に申し上げて，市区町村の現場でそ
のような理解・思考をされている方が沢山いらっしゃることも事実
であります。そのような思考を裾野に拡げていただくことが重要で
あると思います。その時に結論だけ教えるということは避ける，最
小限今申しましたような点について問題を投げかけるということが

大事であろうと思います。

　いずれにしましても，このような問題の根っ子の部分，基礎となっている部分に「なぜか」という意識を向けていきますと靄が晴れるように問題の中身がはっきりと見えてくるのであろうと思います。

　最近は法務局で実施されている研修も大変充実しているようであります。研修を効果あらしめるためにはいろいろな方法があるかと思いますが，一つの大事なポイントはそれに参加する人がどんな問題意識をもって臨むかということであろうと思います。その意味でも，今申しました「問いかけの姿勢」「なぜか」を考える姿勢がこの場合にも活きてくると思います。

　いろいろといわずもがなのことを申し上げてきましたが，一人一人の職員の皆さんの力量が上がるということは組織にとって何物にも代え難い貴重な財産であろうと思います。

　地方分権の推進・拡大の流れがますます強くなっていく時代であります。その意味でこの面での皆さんのさらなるご活躍を期待したいと思います。

③　終わりに

　いろいろとまとまりのないお話をしてまいりましたがお約束の時間になりました。戸籍行政の運営をめぐりましては皆さんいろいろとご苦心されているかと思います。

　本日は管理者の皆さんを意識しながらできるだけ皆さんの立場に身を置きながら日ごろ考えておりますことの一端をお話しました。あまりお役に立つような内容ではなかったと思いますが何か一つでもご参考になるような点があるとしますと大変幸いであります。

長時間のご静聴を感謝いたします。皆様のますますのご活躍とご発展を祈念して拙いお話を閉じたいと思います。ありがとうございました。

ありがとうございました。

戸籍誌869号（平成24年4月）所収

［著者紹介］

澤田 省三（さわ だ しょう ぞう） ● ● ● ● ●

略　歴
　1936年生。兵庫県豊岡市出身
　法務省勤務を経て，宮崎産業経営大学法学部教授，同法律学科長，
　鹿児島女子大学教授，志學館大学法学部教授，同図書館長，中京
　大学法科大学院教授，全国市町村職員中央研修所講師，全国市町
　村国際文化研修所講師等歴任

著　書（主なもの）
　「夫婦別氏論と戸籍問題」（ぎょうせい）
　「家族法と戸籍をめぐる若干の問題」（テイハン）
　「新家族法実務大系２」共著（新日本法規）
　「ガイダンス戸籍法」（テイハン）
　「私の漱石ノート」（花伝社）
　「渉外戸籍実務基本先例百選」（テイハン）
　「戸籍実務研修講義（増補・改訂版）」（テイハン）
　「法の適用に関する通則法と渉外的戸籍事件―基礎理論と実務へ
　　の誘い―」（テイハン）
　「戸籍実務研修講義―渉外戸籍編―」（テイハン）
　「ピックアップ判例戸籍法Ⅰ・Ⅱ」（テイハン）
　その他多数

家族法と戸籍実務等をめぐる若干の問題・下

2022年４月21日　初版第１刷印刷　定価：2,420円（本体価：2,200円）
2022年４月27日　初版第１刷発行

不許複製

著　者　澤　田　省　三
発行者　坂　巻　　　徹

発行所　東 京 都 文 京 区　株式会社 テイハン
　　　　本 郷 ５ 丁 目11-3
　　　　電話 03（3811）5312　FAX 03（3811）5545　〒113-0033
　　　　ホームページアドレス　https://www.teihan.co.jp

〈検印省略〉　　　　　　　　印刷／三美印刷株式会社
　　　　　　　　　　　　　ISBN978-4-86096-150-3